From basic greetings and expressions to grammar and conversations!

국가대표 직진 중국어

GO STRAIGHT
CHINESE
前进汉语
大家的
前进汉语
量无限增加

大家的前进汉语量无限增加。

KB250198

UNIT 1 중국어 동사 10개로 할 말 다하는 방법!
UNIT 2 중국어 조동사 5개로 중국어 5배로 팽창시키는 방법!
UNIT 3 중국어 의문사 6개로 여러분의 모든 궁금증을 해결하는 방법!
UNIT 4 중국어 조사 9개로 꼼꼼하고 아기자기하게 말하는 방법!
UNIT 5 중국어 조사 베스트 10개로 결정적 문장 만드는 방법!
UNIT 6 중국어 초간편 회화공식, 숙어처럼 습관처럼!
UNIT 7 중국어 본격 일상회화, 여러분의 일상을 중국어로 말하는 방법!
UNIT 8 중국어 어순 완전해결 연구소!
UNIT 9 중국어 초간단 발음법!

前进汉语 ▶ ● 大家的前进汉语
量无限增加。

국가대표 직진 중국어

저자_ 문승용

1판 1쇄 인쇄_ 2015. 6. 15.
1판 1쇄 발행_ 2015. 6. 20.

발행처_ 북커스베르겐
발행인_ 신은영

등록번호_ 제313-2009-217호
등록일자_ 2009. 10. 6.

주소_ 경기도 고양시 일산동구 무궁화로 11 한라밀라트 B동 215호
전화_ 02) 722-6826   팩스_ 031) 911-6486

값은 표지에 있습니다.
ISBN 978-89-97343-14-0 13700

「이 도서의 국립중앙도서관 출판시도서목록(CIP)은 서지정보유통지원시스템 홈페이지
(http://seoji.nl.go.kr)와 국가자료공동목록시스템(http://www.nl.go.kr/kolisnet)에서
이용하실 수 있습니다. (CIP제어번호: CIP2015007880)」

이메일_ bookersbg@naver.com

북커스베르겐은 옥당의 외국어 출판브랜드입니다.

From basic greetings and expressions to grammar and conversations!

국가대표 직진 중국어

大家的前进汉语量无限增加。

 **前进汉语** ● 大家的前进汉语 量无限增加。

직진 중국어의 막강한 힘!

수많은 중국어 학습서 중에서
국가대표 직진 중국어가
주목받아 마땅한 이유가
여기에 딱! 있습니다.

01 중국어, 당장 시작할 수 있다!
중국어 한 글자도 몰라도 당장 시작할 수 있습니다.

 한 글자만 알면
중국어 직진!

03 시스템 직진 중국어의 막강파워!
'중국어 직진 핵심문장!'으로 이해하고,
'중국어 직진 패턴문장!'으로 연습합니다.
그리고 '중국어 직진 발전문장!'으로
완벽하게 표현할 수 있게 됩니다.

일련번호 MP3로
직진 중국어!

Practical, Useful and
Easy-To-Understand Lessons!

前进
汉语

YES!
1

前进
汉语

당장
직진
중국어!

한 글자만 알면 바로 직진! 02
한 글자만 알면 곧바로 중국어 문장을 만들 수 있습니다.

YES!
3

前进
汉语

핵심문장
패턴문장
발전문장!

성조 암기 절대 따로 하지 말자! 04
모든 문장은 일련번호 MP3 파일로 정리되어 있습니다.
일단! 글자는 이미지로만 기억하고 소리에 집중합시다!

Practical, Useful and
Easy-To-Understand Lessons!

前进汉语 🔷 ● 大家的前进汉语
量无限增加。

직진 중국어, 직진하는 방법!

국가대표 직진 중국어를 시작하는 방법,
어느 UNIT 에서 시작해도 상관 없습니다.
중국어 문자와 발음법을
이 책의 맨 뒤에 배치할 수 있는 이유이기도 합니다.

UNIT 2 前进汉语
중국어 조동사 5개로
중국어 5배로
팽창시키는 방법!

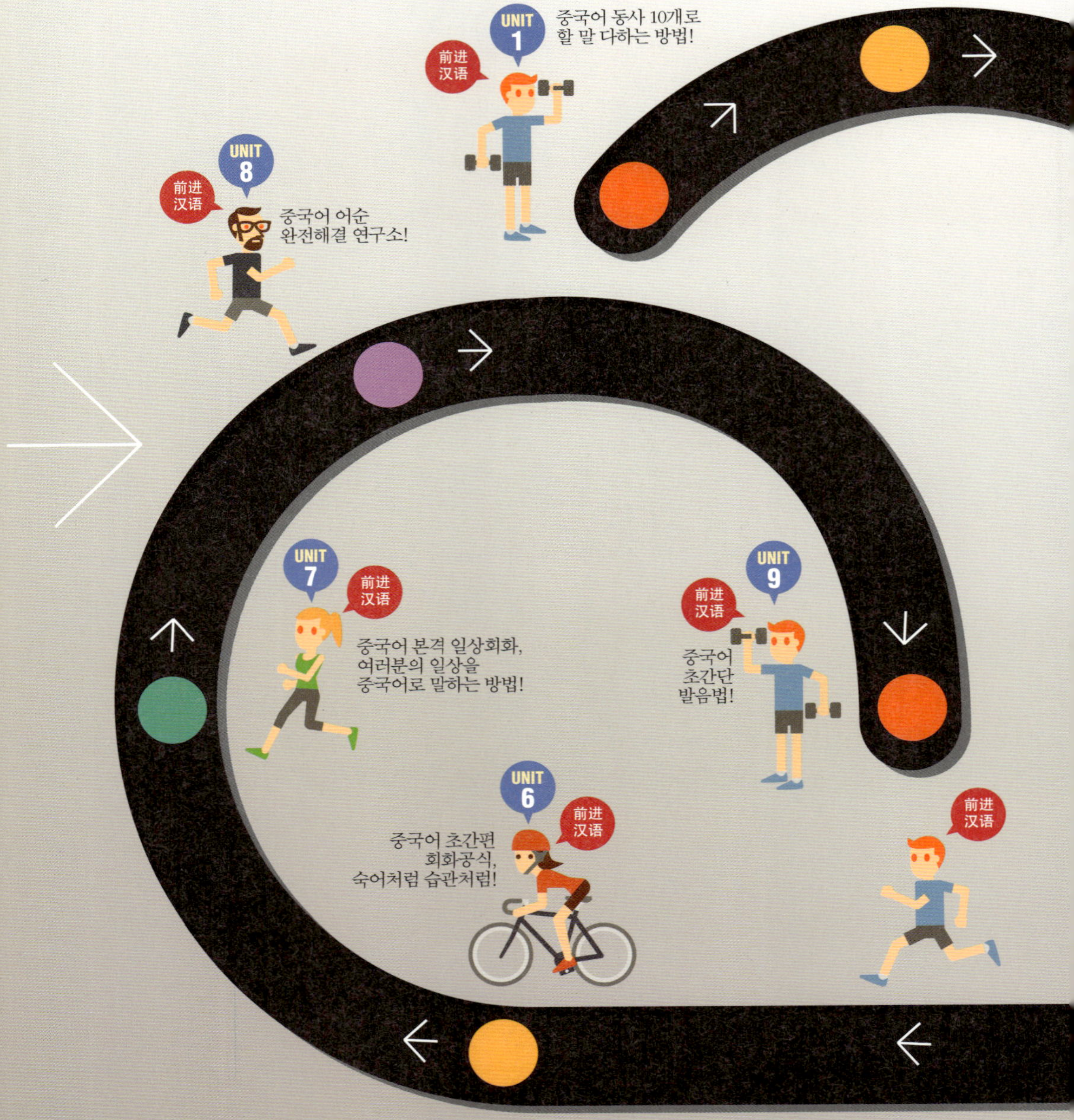

UNIT 1 前进汉语
중국어 동사 10개로
할 말 다하는 방법!

UNIT 8 前进汉语
중국어 어순
완전해결 연구소!

UNIT 7 前进汉语
중국어 본격 일상회화,
여러분의 일상을
중국어로 말하는 방법!

UNIT 9 前进汉语
중국어
초간단
발음법!

UNIT 6 前进汉语
중국어 초간편
회화공식,
숙어처럼 습관처럼!

前进汉语

Practical, Useful and
Easy-To-Understand Lessons!

前进汉语

● 大家的前进汉语
　量无限增加。

前进
汉语

● 大家的前进汉语量无限增加。

UNIT
3

前进
汉语

중국어 의문사 6개로
여러분의 모든 궁금증을
해결하는 방법!

UNIT
4

前进
汉语

중국어 조사 9개로
꼼꼼하고 아기자기 하게
말하는 방법!

UNIT
5

前进
汉语

중국어 조사
베스트 10개로
결정적 문장
만드는 방법!

Practical, Useful and
Easy-To-Understand Lessons!

Practical, **Useful** and
Easy-To-Understand Lessons!

GO STRAIGHT
CHINESE
前进汉语

大家的
前进汉语
量无限增加

前进
汉语

前进
汉语

GO STRAIGHT
CHINESE
前进汉语
大家的
前进汉语
量无限增加

Practical, **Useful** and
Easy-To-Understand Lessons!

Practical, **Useful** and
Easy-To-Understand Lessons!

前进
汉语

UNIT 1

Practical, Useful and
Easy-To-Understand Lessons!

UNIT 1
중국어 동사 10개로 할 말 다 하는 방법!

UNIT 1의 결정적 특징!

동사 1글자만 알면 중국어가 바로 됩니다!
중국어 동사만으로 회화가 바로 가능해집니다!

UNIT 1의 각 과의 구성방식!

'동사 + 목적어' 구조의
'중국어 직진 핵심문장!'으로 이해하고,
'중국어 직진 패턴문장!'으로 연습합니다.
그리고 '중국어 직진 발전문장!'으로 상황을
완벽하게 표현할 수 있게 됩니다.

UNIT 1의 진행방식!

학습 진행방식은 각 part 마다
'동사 2가지'를 쌍으로 배우고,
이들 동사를 가지고 표현할 수 있는 문장을
만들어 연습하면 상황 딱! 끝!

자! 그러면 본격적으로 시작해보실까요?

UNIT 1's CONTENTS

大家的前进汉语量无限增加。

Practical, Useful and
Easy-To-Understand Lessons!

101. 보고 듣고! ▶ 보다

U1-1-1-0

看
[kàn] 보다

● 大家的前进汉语量开始无限巨增。　● 3번 쓰기 연습!

 → 看　看　看

1) 중국어 직진 핵심문장!

① U1-1-1-1

看电视。
[Kàn diànshì.] TV를 봅니다.

● 看 [kàn] 보다　　● 电视 [diànshì] TV

'보다'는 看 [kàn] 입니다.
看 [kàn] 은 TV/영화/소설 등을 '본다'라고 할 때 씁니다.
'看 + 무한도전' (무한도전을 본다.)라고 말하면 됩니다.
('무한도전'은 无限挑战 [Wúxiàn tiǎozhàn] 이라고 합니다.)

② U1-1-1-2

看无限挑战。
[Kàn Wúxiàn tiǎozhàn.] 무한도전을 봅니다.

2) 중국어 직진 패턴문장!

자! 이제 看 [kàn] 을 알면 패턴문장의 생성이 가능해집니다.
바야흐로 여러분의 직진 중국어가 무한으로 증폭됩니다. ^0^

● 电影 [diànyǐng] 영화　　● 小说 [xiǎoshuō] 소설　　● 报 [bào] 신문

UNIT 1
01

● 大家的前进汉语量无限增加。

③ **看电影。**
U1-1-1-3 [Kàn diànyǐng.] 영화를 봅니다.

前进
汉语
惯用
句型
직진
패턴
문장
3

④ **看小说。**
U1-1-1-4 [Kàn xiǎoshuō.] 소설을 봅니다.

⑤ **看报。**
U1-1-1-5 [Kàn bào.] 신문을 봅니다.

3) 중국어 직진 발전문장!

자! 그러면 '워니타 - 마/선머/쩐머양?'과 함께 여러분의 직진 중국어가 무제한 폭주합니다. (발전문장 도우미 : 我 [wǒ] 나, 你 [nǐ] 너, 他 [tā] 그, 她 [tā] 그녀 - ~吗? [ma?] ~까? / ~什么? [shénme?] 무엇이냐? / ~怎么样? [zěnmeyàng?] 어떠하냐?)

⑥ **我看电影。**
U1-1-1-6 [Wǒ kàn diànyǐng.] 나 영화 봐.

前进
汉语
扩展
句型
직진
발전
문장
3

⑦ **你看电影吗?**
U1-1-1-7 [Nǐ kàn diànyǐng ma?] 너 영화 보니?

⑧ **他看什么?**
U1-1-1-8 [Tā kàn shénme?] 그는 무엇을 봅니까?

Aha, Chinese! 아하, 그런 거야?

看 [kàn] 자는 '손 수 (手) 와 '눈 목' (目) 자가 합해 만들어진 것으로, '한 손을 눈 위까지 치켜 올려서 멀리 본다'는 뜻입니다.

101. 보고 듣고! ▶ 듣다

U1-1-2-0

听
[tīng] 듣다

● 大家的前进汉语量开始无限巨增。 ● 3번 쓰기 연습!

 → 听 听 听

 ## 1) 중국어 직진 핵심문장!

①

U1-1-2-1

听MP3。
[Tīng MP sān.] MP3를 듣습니다.

● 听 [tīng] 듣다

'듣다'는 听 [tīng] 입니다.
听 다음에 대상을 붙이면 '무엇을 듣는다'라는 표현이 됩니다.
음악/방송/뉴스, '2시 탈출' 등 뭐든 들어 볼까요!
('2시 탈출'은 两点冲出 [Liǎngdiǎn chōngchū] 라고 합니다.)

②

U1-1-2-2

听两点冲出。
[Tīng Liǎngdiǎn chōngchū.] 2시 탈출을 듣습니다.

 ## 2) 중국어 직진 패턴문장!

자! 听 [tīng] 을 알면 패턴문장의 생성이 가능해집니다.
바야흐로 여러분의 직진 중국어가 무한으로 증폭됩니다. ^0^

● 音乐 [yīnyuè] 음악　● 广播 [guǎngbō] 방송/라디오　● 新闻 [xīnwén] 뉴스

  **UNIT 1 01**

● 大家的前进汉语量无限增加。

前进汉语惯用句型 직진패턴문장 3

3 听音乐。
U1-1-2-3　[Tīng yīnyuè.] 음악을 듣습니다.

4 听广播。
U1-1-2-4　[Tīng guǎngbō.] 방송(라디오)을 듣습니다.

5 听新闻。
U1-1-2-5　[Tīng xīnwén.] 뉴스를 듣습니다.

3) 중국어 직진 발전문장!

자! 그러면 '워니타 - 마/선머/쩐머양?'과 함께
여러분의 직진 중국어가 무제한 폭주를 시작합니다.

前进汉语扩展句型 직진발전문장 3

6 我听音乐。
U1-1-2-6　[Wǒ tīng yīnyuè.] 나는 음악을 듣습니다.

7 你听广播吗?
U1-1-2-7　[Nǐ tīng guǎngbō ma?] 너 라디오(방송)를 듣니?

8 他听什么?
U1-1-2-8　[Tā tīng shénme?] 그는 무엇을 듣습니까?

Aha, Chinese! 아하, 그런 거야?

'듣다'라는 표현이 영어에서 **listen** 과 **hear** 로 구분되는 것처럼,
중국어에서도 '귀 기울여서 듣는다'고 할 때에는 **听** [tīng] 을 사용하고,
그냥 '흘려서 듣는다'라고 할 때는 **闻** [wén] 을 사용합니다.

102. 가고 오고! ▶ 가다

U1-2-1-0

去
[qù] 가다

● 大家的前进汉语量开始无限巨增。　● 3번 쓰기 연습!

 → 去　去　去

 ### 1) 중국어 직진 핵심문장!

➊
U1-2-1-1

去中国。
[Qù Zhōngguó.] 중국에 갑니다.

● 去 [qù] 가다　● 中国 [Zhōngguó] 중국

'가다'는 **去** [qù] 입니다.
동사 **去** [qù] 다음에 장소를 나타내는 명사 (**学校**) 를 붙이면,
그 어떤 전치사가 없어도 '학교 + 에 간다.'가 됩니다.
('에버랜드'는 **爱宝乐园** [Àibǎo lèyuán] 이라고 합니다.)

➋
U1-2-1-2

去爱宝乐园。
[Qù Àibǎo lèyuán.] 에버랜드에 갑니다.

 ### 2) 중국어 직진 패턴문장!

자! 이제 **去** [qù] 를 알면 패턴문장의 생성이 가능해집니다.
바야흐로 여러분의 직진 중국어가 무한으로 증폭됩니다. ^0^

● 学校 [xuéxiào] 학교　● 剧场 [jùchǎng] 극장　● 那儿 [nàr] 저기

● 大家的前进汉语量无限增加。

**前进
汉语
惯用
句型
직진
패턴
문장
3**

③ 去学校。
U1-2-1-3 [Qù xuéxiào.] 학교에 갑니다.

④ 去剧场。
U1-2-1-4 [Qù jùchǎng.] 극장에 갑니다.

⑤ 去那儿。
U1-2-1-5 [Qù nàr.] 저기에 갑니다.

3) 중국어 직진 발전문장!

자! 그러면 '워니타 - 마/선머/쩐머양?'과 함께 여러분의 직진 중국어가
무제한 폭주를 시작합니다.

(발전문장 도우미 : 의문사 - ● 哪儿 [nǎr] 어디 　　● 为什么 [wèishénme] 왜)

**前进
汉语
扩展
句型
직진
발전
문장
3**

⑥ 我去学校。
U1-2-1-6 [Wǒ qù xuéxiào.] 나는 학교에 갑니다.

⑦ 你去哪儿?
U1-2-1-7 [Nǐ qù nǎr?] 너는 어디에 가니?

⑧ 她为什么去那儿?
U1-2-1-8 [Tā wèishénme qù nàr?] 그녀는 왜 거기에 갑니까?

● 의문사는 주어/목적어/부사어의 역할을 합니다. 의문사가 있다면 별도로 의문을 나타내는
어기조사 吗 [ma] 를 문장의 끝에 붙이지 않습니다.

Aha, Chinese! 아하, 그런 거야?

'갈 거' 去 [qù] 는 원래 '제거하다' 혹은 '떠나다'의 뜻으로 쓰였습니다.
하긴 제거하는 것도 가기는 가는 거라서 의미가 이렇게 변했나 봅니다.

102. 가고 오고! ▶ 오다

U1-2-2-0

来
[lái] 오다

● 大家的前进汉语量开始无限巨增。　● 3번 쓰기 연습!

 → 来 来 来

 **1) 중국어 직진 핵심문장!**

  ❶
U1-2-2-1

来韩国。
[Lái Hánguó.] 한국에 옵니다.

● 来 [lái] 오다　　● 韩国 [Hánguó] 한국

'오다'는 来 [lái] 입니다.
간단하게 '동사 (来) 뒤에 장소(한국)'만 붙이면 됩니다.
장소를 나타내는 전치사 따원 필요 없고요.
('북경'은 北京 [Běijīng] 이라고 합니다.)

❷
U1-2-2-2

来北京。
[Lái Běijīng.] 북경에 옵니다.

 **2) 중국어 직진 패턴문장!**

자! 이제 来 [lái] 를 알면 패턴문장의 생성이 가능해집니다.
바야흐로 여러분의 직진 중국어가 무한으로 증폭됩니다. ^0^

● 首尔 [Shǒu'ěr] 서울　　● 餐厅 [cāntīng] 식당　　● 这儿 [zhèr] 여기

UNIT 1
02

● 大家的前进汉语量无限增加。

前进
汉语
惯用
句型
직진
패턴
문장
3

U1-2-2-3 　**来首尔。** [Lái Shǒu'ěr.] 서울에 옵니다.

U1-2-2-4 　**来餐厅。** [Lái cāntīng.] 식당에 옵니다.

U1-2-2-5 　**来这儿。** [Lái zhèr.] 여기에 옵니다.

3) 중국어 직진 발전문장!

자! 그러면 '워니타 - 마/선머/쩐머양?'과 함께 여러분의 직진 중국어가
무제한 폭주를 시작합니다.

(발전문장 도우미 : 의문사 - ● 什么时候 [shénme shíhou] 언제　● 谁 [shéi] 누구)

前进
汉语
扩展
句型
직진
발전
문장
3

U1-2-2-6 　**他什么时候来?** [Tā shénme shíhou lái?] 그는 언제 옵니까?

U1-2-2-7 　**谁来这儿?** [Shéi lái zhèr?] 여기에 누가 옵니까?

U1-2-2-8 　**她什么时候来这儿?** [Tā shénme shíhou lái zhèr?]
그녀는 여기에 언제 옵니까?

● 부사는 동사나 형용사 술어 앞에서 시간, 장소, 정도 등을 나타내는 낱말이며,
문장에서 부사어의 성분이 됩니다.

Aha, Chinese! 아하, 그런 거야?

来 [lái] 는 원래 보리싹이 튼 모습을 보고 그린 글자입니다.
보리싹이 피면 먹고살 수 있는 때가 '온다'고 여겼던 것이죠.

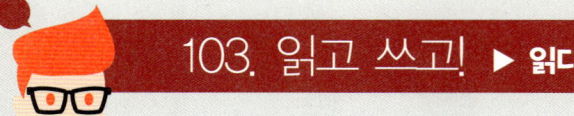

103. 읽고 쓰고! ▶ 읽다

 U1-3-1-0

读
[dú] 읽다

 ● 大家的前进汉语量开始无限巨增。 ● 3번 쓰기 연습!

读　读　读

1) 중국어 직진 핵심문장!

① 读书。
U1-3-1-1　[Dú shū.] 책을 읽습니다. (공부합니다.)

● 读 [dú] 읽다　　● 书 [shū] 책

'읽다'는 读 [dú] 입니다.
그래서 读 [dú] + 书 [shū] 하면 '책을 읽다.'가 됩니다.
참고로 读 대신에 念 [niàn] 을 쓰면 '좀 더 열심히 읽는다'라는 뜻이 됩니다.
('e-book'은 电子书 [diànzǐshū] 또는 E书 [Eshū] 라고 합니다.)

② 读电子书。
U1-3-1-2　[Dú diànzǐshū.] e북을 읽습니다.

2) 중국어 직진 패턴문장!

자! 이제 读 [dú] 를 알면 패턴문장의 생성이 가능해집니다.
바야흐로 여러분의 직진 중국어가 무한으로 증폭됩니다. ^0^

● 电邮 [diànyóu] 이메일　　　　　● 文件 [wénjiàn] 서류
● 汉语 [Hànyǔ] 중국어

● 大家的前进汉语量无限增加。

③ **读电邮。**
U1-3-1-3　[Dú diànyóu.] 이메일을 읽습니다.

前进
汉语
惯用
句型
직진
패턴
문장
3

④ **读文件。**
U1-3-1-4　[Dú wénjiàn.] 서류를 읽습니다.

⑤ **读汉语。**
U1-3-1-5　[Dú Hànyǔ.] 중국어를 공부합니다.

3) 중국어 직진 발전문장!

자! 그러면 '워니타 - 마/선머/쩐머양?'과 함께 여러분의 직진 중국어가
무제한 폭주를 시작합니다.

● 现在 [xiànzài] 현재　　● 消息 [xiāoxi] 기사/소식

⑥ **你读什么?**
U1-3-1-6　[Nǐ dú shénme?] 너는 무엇을 읽고 있니?

前进
汉语
扩展
句型
직진
발전
문장
3

⑦ **我现在读消息。**
U1-3-1-7　[Wǒ xiànzài dú xiāoxi.] 나는 지금 기사를 읽고 있습니다.

⑧ **她现在读汉语。**
U1-3-1-8　[Tā xiànzài dú Hànyǔ.] 그녀는 지금 중국어를 공부합니다.

Aha, Chinese! 아하, 그런 거야?

读 [dú], 念 [niàn] 둘 다 '열심히 읽고 공부한다'는 뜻이어서 서로 바꿔 써도
됩니다. 이와 달리 看 (보다)를 사용해서 看书 [kàn shū] 라고 하면 '가벼운
읽을거리를 읽는다'는 의미가 됩니다.

103. 읽고 쓰고! ▶ 쓰다

U1-3-2-0

写
[xiě] 쓰다

● 大家的前进汉语量开始无限巨增。　● 3번 쓰기 연습!

 → 写 写 写

 **1) 중국어 직진 핵심문장!**

 ❶
U1-3-2-1
写字。
[Xiě zì.] 글자를 씁니다.

● 写 [xiě] 쓰다　　　　● 字 [zì] 글자

'쓰다'는 **写** [xiě] 입니다.
写 [xiě] (쓰다) + **字** [zì] (글자) 하면 '글자를 쓰다'가 되는 것이죠.
('문자메시지'는 **文字短信** [wénzì duǎnxìn] 이라고 합니다.)

❷
U1-3-2-2
写文字短信。
[Xiě wénzì duǎnxìn.] 문자메시지를 씁니다.

  2) 중국어 직진 패턴문장!

자! 이제 **写** [xiě] 를 알면 패턴문장의 생성이 가능해집니다.
바야흐로 여러분의 직진 중국어가 무한으로 증폭됩니다. ^0^

● 汉字 [Hànzì] 한자　　● 报告 [bàogào] 리포트　　● 诗 [shī] 시

● 大家的前进汉语量无限增加。

前进汉语惯用句型 직진패턴문장 3

③ 写汉字。
U1-3-2-3 [Xiě Hànzì.] 한자를 씁니다.

④ 写报告。
U1-3-2-4 [Xiě bàogào.] 리포트를 씁니다.

⑤ 写诗。
U1-3-2-5 [Xiě shī.] 시를 씁니다.

3) 중국어 직진 발전문장!

자! 그러면 '워니타 - 마/선머/쩐머양?'과 함께 여러분의 직진 중국어가 무제한 폭주를 시작합니다.

- 现在 [xiànzài] 현재
- 这个 [zhège] 이것
- 字 [zì] 글자
- 怎么 [zěnme] 어떻게
- 的 [de] ~의
- 名字 [míngzi] 이름

前进汉语扩展句型 직진발전문장 3

⑥ 我现在写报告。
U1-3-2-6 [Wǒ xiànzài xiě bàogào.] 나는 지금 리포트를 씁니다.

⑦ 这个字怎么写?
U1-3-2-7 [Zhège zì zěnme xiě?] 이 글자를 어떻게 씁니까?

⑧ 你的名字怎么写?
U1-3-2-8 [Nǐ de míngzi zěnme xiě?] 당신의 이름은 어떻게 씁니까?

● 这个字怎么写? 와 你的名字怎么写? 두 문장에서 这个字 와 你的名字 는 목적어이지만 강조를 위해 문장의 맨 앞에 두었습니다.

Aha, Chinese! 아하, 그런 거야?

写 [xiě] 는 '필사' (笔写) [bǐxiě] 에서처럼 '베껴 쓰다'라는 뜻 이외에도 '사생' (写生) [xiěshēng] 에서 실물을 '그리다'라는 뜻으로 쓰이는 것처럼, 원래는 '베끼다'라는 뜻입니다.

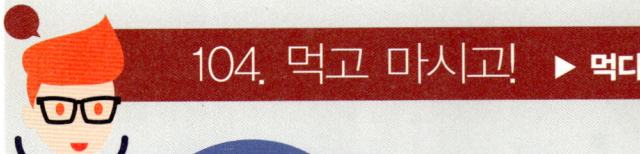

104. 먹고 마시고! ▶ 먹다

U1-4-1-0

吃
[chī] 먹다

● 大家的前进汉语量开始无限巨增。　● 3번 쓰기 연습!

 → 吃 吃 吃

1) 중국어 직진 핵심문장!

 ❶

吃饭。

U1-4-1-1　[Chī fàn.] 밥을 먹습니다.

● 吃 [chī] 먹다　● 饭 [fàn] 밥

'먹다'는 吃 [chī] 입니다.
우리가 흔히 쓰는 '먹다'라는 뜻의 食 [shí] 를 중국어 회화체에서는 쓰지 않
는다는 점! 함께 기억해주세요!
('짜장면'은 炸酱面 [zhájiàngmiàn] 이라고 합니다.)

 ❷

吃炸酱面。

U1-4-1-2　[Chī zhájiàngmiàn.] 짜장면을 먹습니다.

2) 중국어 직진 패턴문장!

자! 이제 吃 [chī] 를 알면 패턴문장의 생성이 가능해집니다.
바야흐로 여러분의 직진 중국어가 무한으로 증폭됩니다. ^0^

● 面包 [miànbāo] 빵　　　　● 方便面 [fāngbiànmiàn] 라면
● 中国菜 [Zhōngguócài] 중국요리

UNIT 1 04

● 大家的前进汉语量无限增加。

前进汉语惯用句型 직진패턴문장 **3**

❸
U1-4-1-3
吃面包。
[Chī miànbāo.] 빵을 먹습니다.

❹
U1-4-1-4
吃方便面。
[Chī fāngbiànmiàn.] 라면을 먹습니다.

❺
U1-4-1-5
吃中国菜。
[Chī Zhōngguócài.] 중국요리를 먹습니다.

3) 중국어 직진 발전문장!

자! 그러면 '워니타 - 마/션머/쩐머양?'과 함께 여러분의 직진 중국어가 무제한 폭주를 시작합니다.

● 每天 [měitiān] 매일　　● 蔬菜 [shūcài] 채소　　● 只 [zhǐ] 단/다만

前进汉语扩展句型 직진발전문장 **3**

❻
U1-4-1-6
他每天吃炸酱面。
[Tā měitiān chī zhájiàngmiàn.]
그는 매일 짜장면을 먹습니다.

❼
U1-4-1-7
她只吃蔬菜吗?
[Tā zhǐ chī shūcài ma?] 그녀는 야채만 먹습니까?

❽
U1-4-1-8
你吃什么?
[Nǐ chī shénme?] 너는 무엇을 먹습니까?

Aha, Chinese! 아하, 그런 거야?

라면을 方便面 [fāngbiànmiàn] 이라고 하는데, 이것은 '편리하다'의 方便 [fāngbiàn] 과 '국수'의 面 [miàn] 이 합쳐진 일종의 합성어입니다. '편리한 국수'라는 의미죠.

104. 먹고 마시고! ▶ 마시다

U1-4-2-0

喝
[hē] 마시다

● 大家的前进汉语量开始无限巨增。　● 3번 쓰기 연습!

 → 喝　喝　喝

 ## 1) 중국어 직진 핵심문장!

 ❶

喝水。

U1-4-2-1　[Hē shuǐ.] 물을 마십니다.

● 喝 [hē] 마시다　● 水 [shuǐ] 물

'마시다'는 **喝** [hē] 입니다.
'먹다'와 마찬가지로 우리말에서 흔히 쓰는 '마시다'의 **饮** [yǐn] 을
중국어 회화에서는 쓰지 않습니다.
('콜라'는 **可乐** [kělè] 라고 합니다.)

 ❷

喝可乐。

U1-4-2-2　[Hē kělè.] 콜라를 마십니다.

 ## 2) 중국어 직진 패턴문장!

자! 이제 **喝** [hē] 를 알면 패턴문장의 생성이 가능해집니다.
바야흐로 여러분의 직진 중국어가 무한으로 증폭됩니다. ^0^

● 啤酒 [píjiǔ] 맥주　● 葡萄酒 [pútáojiǔ] 와인　● 乌龙茶 [wūlóngchá] 우롱차

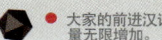

UNIT 1
04

● 大家的前进汉语量无限增加。

前进
汉语
惯用
句型
직진
패턴
문장
3

③ **喝啤酒。**
U1-4-2-3　[Hē píjiǔ.] 맥주를 마십니다.

④ **喝葡萄酒。**
U1-4-2-4　[Hē pútáojiǔ.] 와인을 마십니다.

⑤ **喝乌龙茶。**
U1-4-2-5　[Hē wūlóngchá.] 우롱차를 마십니다.

3) 중국어 직진 발전문장!

자! 그러면 '워니타 - 마/선머/쩐머양?'과 함께 여러분의 직진 중국어가
무제한 폭주를 시작합니다.

- 美人 [měirén] 미인
- 经常 [jīngcháng] 언제나
- 茶 [chá] 차
- 怎么样 [zěnmeyàng] 어떠하다

前进
汉语
扩展
句型
직진
발전
문장
3

⑥ **你喝什么?**
U1-4-2-6　[Nǐ hē shénme?] 너는 무엇을 마시니?

⑦ **美人经常喝水。**
U1-4-2-7　[Měirén jīngcháng hē shuǐ.] 미인은 물을 자주 마십니다.

⑧ **喝茶, 怎么样?**
U1-4-2-8　[Hē chá, zěnmeyàng?] 차 마시는 게 어때요?

Aha, Chinese! 아하, 그런 거야?

맥주 **啤酒 [píjiǔ]** 에서 **啤 [pí]** 는 영어의 맥주 beer 의 발음을 딴 것으로
啤酒 [píjiǔ] 는 '비어 술'이라는 뜻입니다. 이처럼 중국인들은 외래어를
발음(beer)과 뜻(술)을 합쳐서 단어를 만드는 경향이 있습니다.

105. 열고 닫고! ▶ 열다

U1-5-1-0

 开
[kāi] 열다

● 大家的前进汉语量开始无限巨增。　● 3번 쓰기 연습!

 → 开 开 开

1) 중국어 직진 핵심문장!

1 开门。
U1-5-1-1 [Kāi mén.] 문을 엽니다.

● 开 [kāi] 열다　　● 门 [mén] 문

'열다'는 开 [kāi] 입니다.
开 [kāi] 는 '열다'라는 뜻 외에도 '전등을 켜다' 开电灯 [kāi diàndēng], '자
동차를 운전하다' 开车 [kāi chē], '끓인 물' 开水 [kāi shuǐ] 처럼 여러 가지
뜻으로 쓸 수 있습니다.
('라디오'는 收音机 [shōuyīnjī] 라고 합니다.)

2 开收音机。
U1-5-1-2 [Kāi shōuyīnjī.] 라디오를 켭니다.

 ### 2) 중국어 직진 패턴문장!

자! 이제 开 [kāi] 를 알면 패턴문장의 생성이 가능해집니다.
바야흐로 여러분의 직진 중국어가 무한으로 증폭됩니다. ^0^

● 窗户 [chuānghu] 창문　　● 车门 [chēmén] 차 문　　● 怀 [huái] 심정/마음

  **UNIT 1 05**

● 大家的前进汉语量无限增加。

 ③
U1-5-1-3
开窗户。
[Kāi chuānghu.] 창문을 엽니다.

前进汉语惯用句型 직진패턴문장 **3**

④
U1-5-1-4
开车门。
[Kāi chēmén.] 차 문을 엽니다.

⑤
U1-5-1-5
开怀。
[Kāi huái.] 마음을 엽니다.

 **3) 중국어 직진 발전문장!**

자! 그러면 '워니타 - 마/선머/쩐머양?'과 함께 여러분의 직진 중국어가
무제한 폭주를 시작합니다.
- 常常 [chángcháng] 항상
- 百货商店 [bǎihuòshāngdiàn] 백화점
- 那 [nà] 저
- 啊 [a] 문장 끝에 쓰여 의문의 어감을 나타내는 조사
- 冰箱门 [bīngxiāngmén] 냉장고 문
- 什么时候 [shénme shíhou] 언제
- 怎么 [zěnme] 어떻게

 ⑥
U1-5-1-6
他常常开冰箱门。
[Tā chángcháng kāi bīngxiāngmén.]
그는 냉장고 문을 자주 엽니다.

前进汉语扩展句型 직진발전문장 **3**

⑦
U1-5-1-7
百货商店什么时候开门?
[Bǎihuòshāngdiàn shénme shíhou kāi mén?]
백화점은 언제 문을 엽니까?

⑧
U1-5-1-8
那门怎么开啊?
[Nà mén zěnme kāi a?]
저 문은 어떻게 엽니까?

 **Aha, Chinese! 아하, 그런 거야?**

'마음을 열다'가 우리의 상식으로는 **开心** [kāi xīn] 이라고 할 것 같은데,
중국어에서 **开心** 은 '즐겁다/상쾌하다'라는 뜻입니다.

105. 열고 닫고! ▶ 닫다

关
[guān] 닫다

● 大家的前进汉语量开始无限巨增。　● 3번 쓰기 연습!

 → 关　关　关

 1) 중국어 직진 핵심문장!

 ❶
U1-5-2-1

关房门。
[Guān fángmén.] 방문을 닫습니다.

● 关 [guān] 닫다/끄다　　● 房门 [fángmén] 방문

'닫다'는 关 [guān] 입니다.
关 [guān] 은 전기제품 등의 전원을 '끄다'라고 할 때도 사용합니다.
('텔레비전'은 电视机 [diànshìjī] 라고 합니다.)

  ❷
U1-5-2-2

关电视机。
[Guān diànshìjī.] 텔레비전을 끕니다.

 2) 중국어 직진 패턴문장!

자! 이제 关 [guān] 을 알면 패턴문장의 생성이 가능해집니다.
바야흐로 여러분의 직진 중국어가 무한으로 증폭됩니다. ^0^

● 冰箱 [bīngxiāng] 냉장고　　● 车窗 [chēchuāng] 차창　　● 抽屉 [chōuti] 서랍

UNIT 1 05

● 大家的前进汉语量无限增加。

前进汉语
惯用句型
직진패턴문장
3

③
U1-5-2-3
关冰箱门。
[Guān bīngxiāngmén.] 냉장고 문을 닫습니다.

④
U1-5-2-4
关车窗。
[Guān chēchuāng.] 차창을 닫습니다.

⑤
U1-5-2-5
关抽屉。
[Guān chōuti.] 서랍을 닫습니다.

3) 중국어 직진 발전문장!

자! 그러면 '워니타 - 마/선머/쩐머양?'과 함께 여러분의 직진 중국어가
무제한 폭주를 시작합니다.

- 图书馆 [túshūguǎn] 도서관
- 上 [shang] 동사 뒤에 붙어서 동작이 일정한 위치에 도달했음을 나타냄
- 了 [le] 동사의 뒤에 붙어서 그 동작이 완료되었다는 뜻을 나타내는 조사
- 手机 [shǒujī] 핸드폰
- 电脑 [diànnǎo] 컴퓨터
- 暂时 [zànshí] 잠시
- 绝不~ [jué bù] 절대 ~하지 않다

⑥
U1-5-2-6
图书馆什么时候关门?
[Túshūguǎn shénme shíhou guān mén?]
도서관은 문을 언제 닫나요?

前进汉语
扩展句型
직진발전문장
3

⑦
U1-5-2-7
她暂时关上了手机。
[Tā zànshí guānshangle shǒujī.]
그녀는 잠시 핸드폰을 끕니다.

⑧
U1-5-2-8
他绝不关电脑。
[Tā jué bù guān diànnǎo.]
그는 컴퓨터를 절대 끄지 않습니다.

Aha, Chinese! 아하, 그런 거야?

关 [guān] 은 명사로 '빗장'이라는 뜻이기도 합니다.
공항의 세관(税关)을 중국어로는 海关 [hǎiguān] 이라고 합니다.

106. 사고 팔고! ▶ 사다

U1-6-1-0

买
[mǎi] 사다

● 大家的前进汉语量开始无限巨增。　● 3번 쓰기 연습!

 → 买 买 买

1) 중국어 직진 핵심문장!

➀
U1-6-1-1

买笔记本电脑。

[Mǎi bǐjìběn diànnǎo.] 노트북을 삽니다.

● 买 [mǎi] 사다　　● 笔记本电脑 [bǐjìběn diànnǎo] 노트북

'사다'는 买 [mǎi] 입니다.
'사다'의 뜻인 买 [mǎi] 는 그물 망(罒)자와 재물을 뜻하는 조개 패(贝)자가
합쳐진 글자입니다. 그러므로 본래 买 [mǎi] 는 돈을 주고 그물 망에 담아온
다는 뜻에서 생겨난 글자입니다.
('태블릿PC'는 平板电脑 [píngbǎn diànnǎo] 라고 합니다.)

➁
U1-6-1-2

买平板电脑。

[Mǎi píngbǎn diànnǎo.] 태블릿PC를 삽니다.

2) 중국어 직진 패턴문장!

자! 이제 买 [mǎi] 를 알면 패턴문장의 생성이 가능해집니다.
바야흐로 여러분의 직진 중국어가 무한으로 증폭됩니다. ^0^

● 衣服 [yīfu] 옷　　● 皮包 [píbāo] 가죽 가방　　● 东西 [dōngxi] 물건

前进
汉语
惯用
句型
직진
패턴
문장
3

买衣服。
U1-6-1-3 [Mǎi yīfu.] 옷을 삽니다.

买皮包。
U1-6-1-4 [Mǎi píbāo.] 가죽 가방을 삽니다.

买东西。
U1-6-1-5 [Mǎi dōngxi.] 물건을 삽니다.

3) 중국어 직진 발전문장!

자! 그러면 '워니타 - 마/선머/쩐머양?'과 함께 여러분의 직진 중국어가 무제한 폭주를 시작합니다.

- 在 [zài] ~에서
- 商店 [shāngdiàn] 상점
- 日用品 [rìyòngpǐn] 생필품
- 网上购物商城 [wǎngshàng gòuwù shāngchéng] 인터넷 쇼핑몰
- 们 [men] ~들
- 哪儿 [nǎr] 어디

前进
汉语
扩展
句型
직진
발전
문장
3

他在商店买日用品。
U1-6-1-6 [Tā zài shāngdiàn mǎi rìyòngpǐn.]
그는 상점에서 생필품을 삽니다.

她在网上购物商城买皮包。
U1-6-1-7 [Tā zài wǎngshàng gòuwù shāngchéng mǎi píbāo.]
그녀는 인터넷쇼핑몰에서 가죽 가방을 삽니다.

你们在哪儿买东西？
U1-6-1-8 [Nǐmen zài nǎr mǎi dōngxi?]
너희들은 어디에서 물건을 사니?

Aha, Chinese! 아하, 그런 거야?

皮包 [píbāo] 에서 包 [bāo] 는 '가방'이며, '책가방'은 书包 [shūbāo],
'돈 가방'은 钱包 [qiánbāo], '핸드백'은 提包 [tíbāo] 라고 합니다.

106. 사고 팔고! ▶ 팔다

U1-6-2-0

卖
[mài] 팔다

● 大家的前进汉语量开始无限巨增。　● 3번 쓰기 연습!

 卖 卖 卖

 **1) 중국어 직진 핵심문장!**

❶ **卖旧书。**
U1-6-2-1 [Mài jiùshū.] 헌책을 팝니다.

● 卖 [mài] 팔다　● 旧书 [jiùshū] 헌책

'팔다' **卖** [mài] 입니다.
우리는 '매매한다'고 할 때 **卖买** 즉 '팔고 산다'이지만, 중국어는 **买卖**
[mǎimài] '사고 판다'라고 합니다. 같은 의미이지만 순서가 다릅니다.
('중고차'는 **二手车** [èrshǒuchē] 라고 합니다.)

❷ **卖二手车。**
U1-6-2-2 [Mài èrshǒuchē.] 중고차를 팝니다.

 **2) 중국어 직진 패턴문장!**

자! 이제 **卖** [mài] 를 알면 패턴문장의 생성이 가능해집니다.
바야흐로 여러분의 직진 중국어가 무한으로 증폭됩니다. ^0^

● 二手货 [èrshǒuhuò] 중고품　● 鸡肉 [jīròu] 닭고기　● 花儿 [huār] 꽃

UNIT 1 06

● 大家的前进汉语量无限增加。

前进汉语惯用句型 직진 패턴문장 **3**

③ 卖二手货。
U1-6-2-3 [Mài èrshǒuhuò.] 중고제품을 팝니다.

④ 卖鸡肉。
U1-6-2-4 [Mài jīròu.] 닭고기를 팝니다.

⑤ 卖花儿。
U1-6-2-5 [Mài huār.] 꽃을 팝니다.

3) 중국어 직진 발전문장!

자! 그러면 '워니타 - 마/선머/쩐머양?'과 함께 여러분의 직진 중국어가
무제한 폭주를 시작합니다.

- 盒饭 [héfàn] 도시락
- 在~ [zài] ~에서
- 哪儿 [nǎr] 어디
- 那个 [nàge] 그것
- 便利商店 [biànlì shāngdiàn] 편의점
- 这个 [zhège] 이것
- 不 [bú] 아니다 (다음 글자의 성조가 4성이면 2성으로)

前进汉语扩展句型 직진 발전문장 **3**

⑥ 盒饭在哪儿卖?
U1-6-2-6 [Héfàn zài nǎr mài?] 도시락은 어디에서 팝니까?

⑦ 那个在便利商店卖。
U1-6-2-7 [Nàge zài biànlì shāngdiàn mài.]
그것은 편의점에서 팝니다.

⑧ 这个不卖。
U1-6-2-8 [Zhège bú mài.] 이것은 팔지 않습니다.

Aha, Chinese! 아하, 그런 거야?

중고를 영어로 'second hand' 라고 하는 것처럼 중국어도 二手 [èrshǒu]
라고 말합니다. 그리고 '꽃' 花 [huā] 를 花儿 [huār] 라고 하면 북경식 발음
이 됩니다. 이렇게 '얼'을 붙여 발음하는 것을 얼화 (儿化) [érhuà] 라고 하
며, 북경 사람들이 말하는 방식입니다.

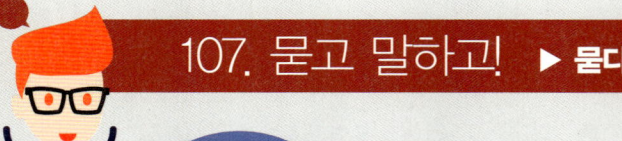

107. 묻고 말하고! ▶ 묻다

U1-7-1-0

问
[wèn] 묻다

● 大家的前进汉语量开始无限巨增。　● 3번 쓰기 연습!

 → 问　问　问

1) 중국어 직진 핵심문장!

→ **❶**
U1-7-1-1
问路。
[Wèn lù.] 길을 묻습니다.

● 问 [wèn] 묻다 　　● 路 [lù] 길

'묻다'는 问 [wèn] 입니다.
问 [wèn] 은 '~에게 묻다/…을 묻다' 와 같이 간접목적어와 직접목적어를
따로 가질 수 있기도 하며, '~에게 …을 묻다'와 같이
간접목적어와 직접목적어를 동시에 취할 수 있는 수여동사입니다.
('상황'은 情况 [qíngkuàng] 이라고 합니다.)

→ **❷**
U1-7-1-2
问情况。
[Wèn qíngkuàng.] 상황을 묻습니다.

2) 중국어 직진 패턴문장!

자! 이제 问 [wèn] 을 알면 패턴문장의 생성이 가능해집니다.
바야흐로 여러분의 직진 중국어가 무한으로 증폭됩니다. ^0^

● 老师 [lǎoshī] 선생님　　● 病 [bìng] 병　　● 价格 [jiàgé] 가격

UNIT 1 07

● 大家的前进汉语量无限增加。

 3 U1-7-1-3

问老师。
[Wèn lǎoshī.] 선생님에게 여쭙습니다.

 前进汉语用惯句型 직진 패턴 문장 **3**

4 U1-7-1-4

问病。
[Wèn bìng.] 진찰을 받습니다.

5 U1-7-1-5

问价格。
[Wèn jiàgé.] 가격을 묻습니다.

3) 중국어 직진 발전문장!

자! 그러면 '워니타 - 마/선머/쩐머양?'과 함께 여러분의 직진 중국어가 무제한 폭주를 시작합니다.

- 一个 [yígè] 1개
- 问题 [wèntí] 질문
- 谁 [shéi] 누구

 6 U1-7-1-6

问你一个问题。
[Wèn nǐ yígè wèntí.] 당신에게 질문 하나 드립니다.

前进汉语扩展句型 직진 발전문장 **3**

7 U1-7-1-7

去问谁?
[Qù wèn shéi?] 누구에게 가서 묻나요?

8 U1-7-1-8

来问我。
[Lái wèn wǒ.] 내게 와서 물으세요.

Aha, Chinese! 아하, 그런 거야?

'학문' (學問) 이란 원래 '배우고 묻는다'는 뜻입니다. 무엇을 모르는지도 모른다면 물을 수도 없습니다. '불치하문' (不恥下問), 즉 '아랫사람에게 묻기를 부끄러워하지 않는다.'는 말처럼 묻는 것은 결코 부끄러운 게 아닙니다.

107. 묻고 말하고! ▶ 말하다

U1-7-2-0

说

[shuō] 말하다

● 大家的前进汉语量开始无限巨增。 ● 3번 쓰기 연습!

 → 说 说 说

1) 중국어 직진 핵심문장!

❶
U1-7-2-1
说汉语。
[Shuō Hànyǔ.] 중국어를 말합니다.

● 说 [shuō] 말하다 　　● 汉语 [Hànyǔ] 중국어

'말하다'는 说 [shuō] 입니다.
说 [shuō] 다음에는 '~을'의 뜻인 직접목적어만이 나올 수 있으며, '~에게'의
뜻인 간접목적어는 가지지 못합니다. 즉, 我说你. [Wǒ shuō nǐ.] 라고 하
면 '나는 너에게 말한다.'가 아닙니다. 이때의 说 [shuō] 는 '탓하다'라는 뜻
으로 '나는 너를 탓한다.'는 의미입니다.
('우스갯말/개그'는 笑话 [xiàohuà] 라고 합니다.)

❷
U1-7-2-2
说笑话。
[Shuō xiàohuà.] 개그를 합니다.

2) 중국어 직진 패턴문장!

자! 이제 说 [shuō] 를 알면 패턴문장의 생성이 가능해집니다.
바야흐로 여러분의 직진 중국어가 무한으로 증폭됩니다. ^0^

● 英语 [Yīngyǔ] 영어 　　● 日语 [Rìyǔ] 일본어 　　● 闲话 [xiánhuà] 잡담

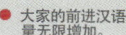
  UNIT 1 07

● 大家的前进汉语量无限增加。

前进汉语 惯用 句型 직진 패턴 문장 3

③ 说英语。
U1-7-2-3　[Shuō Yīngyǔ.] 영어를 말합니다.

④ 说日语。
U1-7-2-4　[Shuō Rìyǔ.] 일본어를 말합니다.

⑤ 说闲话。
U1-7-2-5　[Shuō xiánhuà.] 잡담을 합니다.

3) 중국어 직진 발전문장!

자! 그러면 '워니타 - 마/선머/쩐머양?'과 함께 여러분의 직진 중국어가
무제한 폭주를 시작합니다.

● 不 [bù] 아니다　● 呢 [ne] ~까 (의문을 나타내는 조사 吗 [ma] 와 다르게 의문사로 된
의문문이나 '완곡한 어기' 또는 '살짝 다그치는 어기'를 나타낼 때 쓰는 의문조사)
● 孩子 [háizi] 아이　● 会 [huì] ~할 줄 안다　● 话 [huà] 말

前进汉语 扩展 句型 직진 발전 문장 3

⑥ 他说什么?
U1-7-2-6　[Tā shuō shénme?] 그는 무엇을 말합니까?

⑦ 谁不说呢?
U1-7-2-7　[Shéi bù shuō ne?] 누가 말하지 않습니까?

⑧ 我孩子会说话。
U1-7-2-8　[Wǒ háizi huì shuō huà.]
나의 아이는 말을 할 줄 압니다.

Aha, Chinese! 아하, 그런 거야?

说 는 '말하다'라는 뜻일 때는 [shuō] 라고 읽고, '기쁘다'라는 뜻일 때는
[yuè] 라고 읽습니다. 이는 원래 '말하는 것이 기쁜 일'이라는 의미를 담고
있습니다.

108. 오르고 내리고! ▶ 오르다

上
[shàng] 오르다

● 大家的前进汉语量开始无限巨增。　● 3번 쓰기 연습!

 上　上　上

 **1) 중국어 직진 핵심문장!**

❶ **上63大厦。**
U1-8-1-1　[Shàng Liùsān dàshà.] 63빌딩에 오릅니다.

● 上 [shàng] 오르다/가다/위　　　● 63大厦 [Liùsān dàshà] 63빌딩

'오르다'는 上 [shàng] 입니다.
上 [shàng] 은 흔히 명사로서 '위'라는 뜻으로 많이 쓰입니다.
또한 上 [shàng] 은 '오르다/가다' 라는 동사로도 쓰입니다.
우리말에서도 '서울에 올라간다'라고 할 때 '상경한다'라고 하는 것처럼,
낮은 곳에서 높은 곳으로 간다는 의미를 가지고 있습니다.
('야채시장'은 菜市场 [càishìchǎng] 이라고 합니다.)

 ❷ **上菜市场。**
U1-8-1-2　[Shàng càishìchǎng.] 야채시장에 갑니다.

 **2) 중국어 직진 패턴문장!**

자! 이제 上 [shàng] 을 알면 패턴문장의 생성이 가능해집니다.
바야흐로 여러분의 직진 중국어가 무한으로 증폭됩니다. ^0^

● 讲台 [jiǎngtái] 단상　　● 北京 [Běijīng] 북경　　● 飞机 [fēijī] 비행기

UNIT 1
08

● 大家的前进汉语量无限增加。

前进汉语惯用句型 직진 패턴 문장 3

3
上讲台。
U1-8-1-3　[Shàng jiǎngtái.] 단상에 오릅니다.

4
上北京。
U1-8-1-4　[Shàng Běijīng.] 북경에 올라갑니다.

5
上飞机。
U1-8-1-5　[Shàng fēijī.] 비행기에 오릅니다.

3) 중국어 직진 발전문장!

자! 그러면 '워니타 - 마/선머/쩐머양?'과 함께
여러분의 직진 중국어가 무제한 폭주를 시작합니다.

- 哪儿 [nǎr] 어디
- 今天 [jīntiān] 오늘
- 夜班 [yèbān] 야근
- 儿子 [érzi] 아들
- 今年 [jīnnián] 금년
- 大学 [dàxué] 대학교

前进汉语扩展句型 직진 발전문장 3

6
你上哪儿?
U1-8-1-6　[Nǐ shàng nǎr?] 당신은 어디에 갑니까?

7
他今天上夜班?
U1-8-1-7　[Tā jīntiān shàng yèbān?] 그는 오늘 야근입니까?

8
我儿子今年上大学。
U1-8-1-8　[Wǒ érzi jīnnián shàng dàxué.]
우리 아들은 올해 대학교에 갑니다.

Aha, Chinese! 아하, 그런 거야?

上海 [Shànghǎi] (상해)는 중국에서 가장 큰 항구도시입니다.
이때의 上 은 '간다'라는 뜻으로 上海 [Shànghǎi] 는 '바다로 간다'라는
의미입니다. 일찍이 서구 열강들이 대양으로 진출하였던 것에 반해
중국은 지난 천 년 동안 내륙인 북경에 수도를 정했고, 그 때문에 근대화,
산업화가 지체되었다고도 합니다.

Practical, Useful and
Easy-To-Understand Lessons!

108. 오르고 내리고! ▶ 내리다

U1-8-2-0

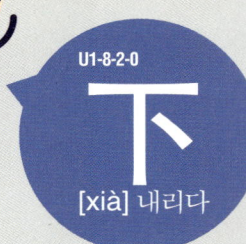

下
[xià] 내리다

● 大家的前进汉语量开始无限巨增。　● 3번 쓰기 연습!

 → 下　下　下

1) 중국어 직진 핵심문장!

→ ❶
U1-8-2-1

下命令。
[Xià mìnglìng.] 명령을 내립니다.

● 下 [xià] 내리다/마치다/시간이나 수고 따위를 들이다/ 아래
● 命令 [mìnglìng] 명령

'내리다'는 下 [xià] 입니다.
下 [xià] 는 명사로서 '아래'라는 뜻으로 많이 쓰입니다.
또한 下 [xià] 가 동사일 때는 '내리다/마치다' 의 뜻으로도 쓰입니다.
('침대'는 床 [chuáng] 이라고 합니다.)

→ ❷
U1-8-2-2

下床。
[Xià chuáng.] 침대에서 내려옵니다.

2) 중국어 직진 패턴문장!

자! 이제 下 [xià] 를 알면 패턴문장의 생성이 가능해집니다.
바야흐로 여러분의 직진 중국어가 무한으로 증폭됩니다. ^0^

● 工夫 [gōngfu] 노력/시간　● 结论 [jiélùn] 결론　● 夜班 [yèbān] 야근

UNIT 1 08

● 大家的前进汉语量无限增加。

下工夫。
U1-8-2-3 [Xià gōngfu.] 노력을 들입니다.

前进汉语 惯用句型 직진패턴문장 **3**

下结论。
U1-8-2-4 [Xià jiélùn.] 결론을 내립니다.

下夜班。
U1-8-2-5 [Xià yèbān.] 야근을 마칩니다.

3) 중국어 직진 발전문장!

자! 그러면 '워니타 - 마/선머/쩐머양?'과 함께 여러분의 직진 중국어가 무제한 폭주를 시작합니다.

- 车 [chē] 차
- 一场 [yìchǎng] 한바탕
- 五 [wǔ] 5
- 了 [le] 완료의 의미를 나타내는 조사
- 雨 [yǔ] 비
- 号 [hào] 호/번
- 三 [sān] 3

在哪儿下车?
U1-8-2-6 [Zài nǎr xià chē?] 어디에서 차를 내립니까?

前进汉语 扩展句型 직진발전문장 **3**

下了一场雨。
U1-8-2-7 [Xiàle yìchǎng yǔ.] 비가 한바탕 내렸습니다.

三号下, 五号上。
U1-8-2-8 [Sānhào xià, wǔhào shàng.]
3번 (선수)는 나오고, 5번이 들어갑니다.

Aha, Chinese! 아하, 그런 거야?

下 [xià] 자와 上 [shàng] 자는 모두 '지사자' (指事字)라고 합니다. 즉 글자 자체가 어떤 상황을 표시하고 있다는 뜻입니다. 그러니까 땅을 의미하는 一 자의 위에 솟아있는 것을 표시한 上 은 '위'를 의미하는 것이고, 一 자의 아래에 내려가 있는 것을 표시한 下 는 '아래'를 의미합니다.

109. 배우고 가르치고! ▶ 배우다

U1-9-1-0

学

[xué] 배우다

● 大家的前进汉语量开始无限巨增。 ● 3번 쓰기 연습!

 →

 ## 1) 중국어 직진 핵심문장!

 ①

U1-9-1-1

学文学。

[Xué wénxué.] 문학을 배웁니다.

● 学 [xué] 배우다 ● 文学 [wénxué] 문학

'배우다'는 **学 [xué]** 입니다.
일반적으로 회화체에서는 '배우다'의 뜻으로 **学习 [xuéxí]** 를 많이 씁니다.
원래 중국어의 단어는 한 글자로 이루어져 있었는데, 상대방이 쉽게 알아들
을 수 있도록 두 글자 이상의 단어로 만들어 쓰고 있습니다.
('스케이트 보드'는 滑板 [huábǎn] 이라고 합니다.)

 ②

U1-9-1-2

学滑板。

[Xué huábǎn.] 스케이트보드를 배웁니다.

 ## 2) 중국어 직진 패턴문장!

자! 이제 **学 [xué]** 를 알면 패턴문장의 생성이 가능해집니다.
바야흐로 여러분의 직진 중국어가 무한으로 증폭됩니다. ^0^

● 哲学 [zhéxué] 철학 ● 历史 [lìshǐ] 역사 ● 开车 [kāichē] 운전

UNIT 1
09

● 大家的前进汉语量无限增加。

❸ 学哲学。
U1-9-1-3　[Xué zhéxué.] 철학을 배웁니다.

前进
汉语
惯用
句型
직진
패턴
문장
3

❹ 学历史。
U1-9-1-4　[Xué lìshǐ.] 역사를 배웁니다.

❺ 学开车。
U1-9-1-5　[Xué kāichē.] 운전을 배웁니다.

3) 중국어 직진 발전문장!

자! 그러면 '워니타 - 마/선머/쩐머양?'과 함께 여러분의 직진 중국어가
무제한 폭주를 시작합니다.

● 数学 [shùxué] 수학　　● 孩子 [háizi] 아이　　● 爸爸 [bàba] 아빠
● 的 [de] ~의　　　　　● 腔调 [qiāngdiào] 말투

❻ 你学什么？
U1-9-1-6　[Nǐ xué shénme?] 당신은 무엇을 배웁니까?

前进
汉语
扩展
句型
직진
발전
문장
3

❼ 他在哪儿学数学？
U1-9-1-7　[Tā zài nǎr xué shùxué?] 그는 어디에서 수학을 배웁니까?

❽ 孩子学他爸爸的腔调。
U1-9-1-8　[Háizi xué tā bàba de qiāngdiào.]
아이는 그의 아빠의 말투를 배웁니다.

Aha, Chinese! 아하, 그런 거야?

学习 [xuéxí] 에서 学 [xué] 는 '몰랐던 것을 새로이 익히는 것'이고,
习 [xí] 는 '알고 있던 것을 반복적으로 하여 익힌다'는 뜻입니다.
그러므로 학습이란 '배우고 익힌다'라는 의미입니다.

109. 배우고 가르치고! ▶ 가르치다

● 大家的前进汉语量开始无限巨增。　● 3번 쓰기 연습!

U1-9-2-0

教
[jiāo] 가르치다

  教　教　教

 1) 중국어 직진 핵심문장!

 ❶

U1-9-2-1

教书法。
[Jiāo shūfǎ.] 붓글씨를 가르칩니다.

● 教 [jiāo] 가르치다　　● 书法 [shūfǎ] 붓글씨

'가르치다'는 **教 [jiāo]** 입니다.
教 [jiāo] 는 간접목적어와 직접목적어를 동시에 가질 수 있는 수여동사입니다. 어순은 '**教** + 간접목적어(~에게) + 직접목적어(~을)'입니다.
('기마/승마'는 骑马 [qímǎ] 입니다.)

 ❷

U1-9-2-2

教骑马。
[Jiāo qímǎ.] 승마를 가르칩니다.

 2) 중국어 직진 패턴문장!

자! 이제 **教 [jiāo]** 를 알면 패턴문장의 생성이 가능해집니다.
바야흐로 여러분의 직진 중국어가 무한으로 증폭됩니다. ^0^

● 物理 [wùlǐ] 물리　　● 数学 [shùxué] 수학

大家的前进汉语量无限增加。

前进
汉语
惯用
句型
직진
패턴
문장
3

③ **教他。**
U1-9-2-3　[Jiāo tā.] 그에게 가르칩니다.

④ **教物理。**
U1-9-2-4　[Jiāo wùlǐ.] 물리를 가르칩니다.

⑤ **教数学。**
U1-9-2-5　[Jiāo shùxué.] 수학을 가르칩니다.

3) 중국어 직진 발전문장!

자! 그러면 '워니타 - 마/선머/쩐머양?'과 함께 여러분의 직진 중국어가
무제한 폭주를 시작합니다.
● 老师 [lǎoshī] 선생님 ● 得 [de] 동사 (教)나 형용사 술어 뒤에 쓰여서 정도를 나타내는
보어 (怎么样) 와 연결시켜주는 조사 ● 什么也不~ [shénme yě bù ~] 아무것도 ~하지 않
는다

前进
汉语
扩展
句型
직진
발전
문장
3

⑥ **老师教他们什么?**
U1-9-2-6　[Lǎoshī jiāo tāmen shénme?]
선생님은 그들에게 무엇을 가르칩니까?

⑦ **他教得怎么样?**
U1-9-2-7　[Tā jiāode zěnmeyàng?] 그는 가르치는 것이 어떻습니까?

⑧ **他什么也不教。**
U1-9-2-8　[Tā shénme yě bù jiāo.]
그는 아무것도 가르치지 않습니다.

Aha, Chinese! 아하, 그런 거야?

선생(**先生**)은 '먼저 태어나 먼저 배웠기 때문에 학생들을 가르친다'는
뜻입니다. 누구도 완전한 지식을 갖출 수 없으며 그 때문에 배움은 언제까
지고 계속되어야 하는 것입니다.

110. 노래하고 춤추고! ▶ 노래하다

● 大家的前进汉语量开始无限巨增。 ● 3번 쓰기 연습!

U1-10-1-0

唱
[chàng] 노래하다

 → 唱 唱 唱

1) 중국어 직진 핵심문장!

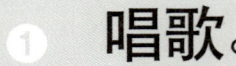

❶ 唱歌。
U1-10-1-1 [Chàng gē.] 노래를 부릅니다.

● 唱 [chàng] 노래하다 ● 歌 [gē] 노래

'노래하다'는 唱 [chàng] 입니다.
중국어로 노래를 부를 때는 중국어의 성조를 무시해도 됩니다.
노래를 부르면서 성조와 박자를 다 지킬 수는 없기 때문입니다.
('발라드'는 情歌 [qínggē] 라고 합니다.)

❷ 唱情歌。
U1-10-1-2 [Chàng qínggē.] 발라드를 부릅니다.

2) 중국어 직진 패턴문장!

자! 이제 唱 [chàng] 을 알면 패턴문장의 생성이 가능해집니다.
바야흐로 여러분의 직진 중국어가 무한으로 증폭됩니다. ^0^

● 民歌 [mínge] 민가/민요 ● 童谣 [tóngyáo] 동요
● 说唱乐 [shuōchàngyuè] 랩송

  UNIT 1 **10**

●大家的前进汉语量无限增加。

前进汉语惯用句型 직진패턴문장 **3**

③
唱民歌。
U1-10-1-3 [Chàng míngē.] 민가를 부릅니다.

④
唱童谣。
U1-10-1-4 [Chàng tóngyáo.] 동요를 부릅니다.

⑤
唱说唱乐。
U1-10-1-5 [Chàng shuōchàngyuè.] 랩송을 부릅니다.

3) 중국어 직진 발전문장!

자! 그러면 '워니타 - 마/선머/쩐머양?'과 함께 여러분의 직진 중국어가 무제한 폭주를 시작합니다.

● 会 [huì] ~할 줄 안다

前进汉语扩展句型 직진발전문장 **3**

⑥
你唱什么歌?
U1-10-1-6 [Nǐ chàng shénme gē?] 당신은 어떤 노래를 부릅니까?

⑦
我不唱歌。
U1-10-1-7 [Wǒ bú chàng gē.] 나는 노래를 부르지 않습니다.

⑧
你会唱歌吗?
U1-10-1-8 [Nǐ huì chàng gē ma?] 당신은 노래를 부를 줄 압니까?

Aha, Chinese! 아하, 그런 거야?

乐 자는 명사로는 '음악' (音乐) [yīnyuè], 형용사로는 '즐겁다'는 뜻으로 '오락' (娱乐) [yúlè], 동사로는 '좋아한다'는 뜻으로 '요산요수' (乐山乐水。) [Yào shān yào shuǐ.] (산을 좋아하고 물을 좋아한다.) 라고 합니다.
즉, 음악은 즐거워서 좋아할 만한 것이라는 뜻입니다.
이처럼 한자는 품사가 달라지면서 뜻과 발음이 달라지기도 하는데, 대체로 의미상으로는 연관성이 있습니다.

110. 노래하고 춤추고! ▶ 춤추다

U1-10-2-0

跳
[tiào] 춤추다

　→　跳　跳　跳

 **1) 중국어 직진 핵심문장!**

➊ 跳舞。
U1-10-2-1　[Tiào wǔ.] 춤을 춥니다.

● 跳 [tiào] 춤추다/뛰다　　● 舞 [wǔ] 춤

'춤추다'는 跳 [tiào] 입니다.
跳 [tiào] 는 흔히 '춤추다'의 뜻으로 쓰이지만, 춤을 춘다는 속성이 '뛰다'인
만큼 '땅에서 발을 구른다'는 뜻으로도 씁니다.
('삼바춤'은 桑巴舞 [sāngbāwǔ] 라고 합니다.)

➋ 跳桑巴舞。
U1-10-2-2　[Tiào sāngbāwǔ.] 삼바춤을 춥니다.

 **2) 중국어 직진 패턴문장!**

자! 이제 跳 [tiào] 를 알면 패턴문장의 생성이 가능해집니다.
바야흐로 여러분의 직진 중국어가 무한으로 증폭됩니다. ^0^

● 踢踏舞 [tītàwǔ] 탭댄스　　● 剑舞 [jiànwǔ] 칼춤　　● 脉搏 [màibó] 맥박

UNIT 1
10

● 大家的前进汉语量无限增加。

跳踢踏舞。
U1-10-2-3 [Tiào tītàwǔ.] 탭댄스를 춥니다.

前进
汉语
惯用
句型
직진
패턴
문장
3

跳剑舞。
U1-10-2-4 [Tiào jiànwǔ.] 칼춤을 춥니다.

脉搏跳。
U1-10-2-5 [Màibó tiào.] 맥박이 뜁니다.

3) 중국어 직진 발전문장!

자! 그러면 '워니타 - 마/선머/쩐머양?'과 함께 여러분의 직진 중국어가
무제한 폭주를 시작합니다.

● 会 [huì] ~할 줄 안다

她跳什么舞?
U1-10-2-6 [Tā tiào shénme wǔ?] 그녀는 어떤 춤을 춥니까?

前进
汉语
扩展
句型
직진
발전
문장
3

我不跳舞。
U1-10-2-7 [Wǒ bú tiào wǔ.] 나는 춤을 추지 않습니다.

他会跳舞吗?
U1-10-2-8 [Tā huì tiào wǔ ma?] 그는 춤을 출 줄 압니까?

Aha, Chinese! 아하, 그런 거야?

아주 오래부터 노래와 춤은 인간이 신에게 신성한 제사를 올릴 때 거행하는
절차 가운데 하나였습니다. '춤'이라는 뜻인 舞 자의 초기 형태를 분석하면
'사람이 소꼬리를 두 팔에 걸치고, 발은 엇갈리게 벌려서 춤을 추는 형상'입
니다. '제사' 祭 자 역시 고기 (月)를 손 (又)으로 받쳐 들고 제례를 올리는
형상 (示) (신에게 제물을 보인다)입니다.

中国	[Zhōngguó]	중국
学校	[xuéxiào]	학교
剧场	[jùchǎng]	극장
那儿	[nàr]	저기
哪儿	[nǎr]	어디
为什么	[wèishénme]	왜
来	[lái]	오다
韩国	[Hánguó]	한국
首尔	[Shǒu'ěr]	서울
餐厅	[cāntīng]	식당
这儿	[zhèr]	여기
什么时候	[shénme shíhou]	언제
谁	[shéi]	누구

* 이번 Unit 의 모든 단어를 정리했습니다.

UNIT 1 단어정리
중국어 동사 10개로 할 말 다 하는 방법!

 ### 101. 보고 듣고!

看	[kàn]	보다
电视	[diànshì]	TV
电影	[diànyǐng]	영화
小说	[xiǎoshuō]	소설
报	[bào]	신문
听	[tīng]	듣다
音乐	[yīnyuè]	음악
广播	[guǎngbō]	방송/라디오
新闻	[xīnwén]	뉴스

 ### 103. 읽고 쓰고!

读	[dú]	읽다
书	[shū]	책
电邮	[diànyóu]	이메일
文件	[wénjiàn]	서류
汉语	[Hànyǔ]	중국어
现在	[xiànzài]	현재
消息	[xiāoxi]	기사/소식
写	[xiě]	쓰다
字	[zì]	글자
汉字	[Hànzì]	한자
报告	[bàogào]	리포트
诗	[shī]	시

 ### 102. 가고 오고!

去	[qù]	가다

■ 这个 [zhège] 이것
■ 怎么 [zěnme] 어떻게
■ 的 [de] ~의
■ 名字 [míngzi] 이름

104. 먹고 마시고!

■ 吃 [chī] 먹다
■ 饭 [fàn] 밥
■ 面包 [miànbāo] 빵
■ 方便面 [fāngbiànmiàn] 라면
■ 中国菜 [Zhōngguócài] 중국요리
■ 每天 [měitiān] 매일
■ 蔬菜 [shūcài] 채소
■ 只 [zhǐ] 단/다만
■ 喝 [hē] 마시다
■ 水 [shuǐ] 물
■ 啤酒 [píjiǔ] 맥주
■ 葡萄酒 [pútáojiǔ] 와인
■ 乌龙茶 [wūlóngchá] 우롱차
■ 美人 [měirén] 미인
■ 经常 [jīngcháng] 언제나
■ 茶 [chá] 차
■ 怎么样 [zěnmeyàng] 어떠하다

105. 열고 닫고!

■ 开 [kāi] 열다
■ 门 [mén] 문

■ 窗户 [chuānghu] 창문
■ 车门 [chēmén] 차 문
■ 怀 [huái] 심정/마음
■ 常常 [chángcháng] 항상
■ 冰箱门 [bīngxiāngmén] 냉장고 문
■ 百货商店 [bǎihuòshāngdiàn] 백화점
■ 什么时候 [shénme shíhou] 언제
■ 那 [nà] 저
■ 怎么 [zěnme] 어떻게
■ 啊 [a] 의문의 조사
■ 关 [guān] 닫다/끄다
■ 房门 [fángmén] 방문
■ 冰箱 [bīngxiāng] 냉장고
■ 车窗 [chēchuāng] 차창
■ 抽屉 [chōuti] 서랍
■ 图书馆 [túshūguǎn] 도서관
■ 暂时 [zànshí] 잠시
■ 上 [shang] 동작이 어떤 위치에 도달했음을 나타냄
■ 了 [le] 완료의 조사
■ 手机 [shǒujī] 핸드폰
■ 绝不~ [jué bù] 절대 ~하지 않다
■ 电脑 [diànnǎo] 컴퓨터

106. 사고 팔고!

■ 买 [mǎi] 사다
■ 笔记本电脑 [bǐjìběn diànnǎo] 노트북
■ 衣服 [yīfu] 옷
■ 皮包 [píbāo] 가죽 가방
■ 东西 [dōngxi] 물건

- 在~ [zài]　~에서
- 商店 [shāngdiàn]　상점
- 日用品 [rìyòngpǐn]　생필품
- 网上购物商城 [wǎngshàng gòuwù shāngchéng]　인터넷 쇼핑몰
- 们 [men]　~들
- 哪儿 [nǎr]　어디
- 卖 [mài]　팔다
- 旧书 [jiùshū]　헌책
- 二手货 [èrshǒuhuò]　중고품
- 鸡肉 [jīròu]　닭고기
- 花儿 [huār]　꽃
- 盒饭 [héfàn]　도시락
- 哪儿 [nǎr]　어디
- 那个 [nàge]　그것
- 便利商店 [biànlì shāngdiàn] 편의점
- 这个 [zhège]　이것
- 不 [bù]　아니다

- 谁 [shéi]　누구
- 说 [shuō]　말하다
- 汉语 [Hànyǔ]　중국어
- 英语 [Yīngyǔ]　영어
- 日语 [Rìyǔ]　일본어
- 闲话 [xiánhuà]　잡담
- 不 [bù]　아니다
- 呢 [ne]　~까
- 孩子 [háizi]　아이
- 学会 [xuéhuì]　배워서 ~할 줄 안다
- 话 [huà]　말

108. 오르고 내리고!

- 上 [shàng]　오르다/가다/위
- 63大厦 [Liùsān dàshà]　63빌딩
- 讲台 [jiǎngtái]　단상
- 北京 [Běijīng]　북경
- 飞机 [fēijī]　비행기
- 哪儿 [nǎr]　어디
- 今天 [jīntiān]　오늘
- 夜班 [yèbān]　야근
- 儿子 [érzi]　아들
- 今年 [jīnnián]　금년
- 大学 [dàxué]　대학교
- 下 [xià]　내리다/마치다/ 들이다/ 아래

- 命令 [mìnglìng]　명령
- 工夫 [gōngfu]　노력/시간
- 结论 [jiélùn]　결론

107. 묻고 말하고!

- 问 [wèn]　묻다
- 路 [lù]　길
- 老师 [lǎoshī]　선생님
- 病 [bìng]　병
- 价格 [jiàgé]　가격
- 一个 [yíge]　1개
- 问题 [wèntí]　질문

■ 夜班　[yèbān]　　야근
■ 车　　[chē]　　　차
■ 了　　[le]　　　　완료의 조사
■ 一场　[yìchǎng]　한바탕
■ 雨　　[yǔ]　　　　비
■ 三　　[sān]　　　3
■ 五　　[wǔ]　　　　5
■ 号　　[hào]　　　호/번

110. 노래하고 춤추고!

■ 唱　　[chàng]　　　노래하다
■ 歌　　[gē]　　　　　노래
■ 民歌　[míngē]　　　민가/민요
■ 童谣　[tóngyáo]　　동요
■ 说唱乐 [shuōchàngyuè] 랩송
■ 会　　[huì]　　　　　~할 줄 안다
■ 跳　　[tiào]　　　　춤추다/뛰다
■ 舞　　[wǔ]　　　　　춤
■ 踢踏舞 [tītàwǔ]　　　탭댄스
■ 剑舞　[jiànwǔ]　　　칼춤
■ 脉搏　[màibó]　　　맥박
■ 会　　[huì]　　　　　~할 줄 안다

109. 배우고 가르치고!

■ 学　　[xué]　　　　배우다
■ 文学　[wénxué]　　문학
■ 哲学　[zhéxué]　　철학
■ 历史　[lìshǐ]　　　역사
■ 开车　[kāichē]　　　운전
■ 数学　[shùxué]　　수학
■ 孩子　[háizi]　　　아이
■ 爸爸　[bàba]　　　아빠
■ 的　　[de]　　　　　~의
■ 腔调　[qiāngdiào]　말투
■ 教　　[jiāo]　　　　가르치다
■ 书法　[shūfǎ]　　　붓글씨
■ 物理　[wùlǐ]　　　물리
■ 老师　[lǎoshī]　　　선생님
■ 得　　[de]　　　　　술어와 보어를 연결
　　　　　　　　　　　　시키는 조사
■ 什么也不~ [shénme yě bù ~] 아무것도
　　　　　　　　　　　　~하지 않는다

大家的前进汉语量无限增加。 · 前进汉语 → 前进汉语 → 大家的前进汉语量无限增加 →

UNIT
2

Practical, **Useful** and
Easy-To-Understand Lessons!

UNIT 2
중국어 조동사 5개로
중국어 5배로
팽창시키는 방법!

UNIT 2의 결정적 특징!

조동사를 알면 중국어가 팍팍 늡니다!
'조동사'는 '말하는 방법을 도와주는 동사'입니다.
영어의 조동사 can, must … 같은 것을
중국어에서는 '능원동사'라고 합니다.
'~할 수 있다'는 뜻의 '능 (能) 과 '~하고 싶다'는 뜻의
'원' (愿) 을 나타내는 동사입니다.

능원동사는 영어와 마찬가지로
동사 술어의 앞에 위치합니다.
능원동사는 여러분의 중국어를 보다 더 정밀하게
그리고 여러분의 생각을 보다 정확하게 표현할 수
있도록 도와드립니다.

UNIT 2의 각 과 구성방식!

'중국어 직진 핵심문장!'으로 능원동사를 이해하고,
'중국어 직진 패턴문장!'으로 연습합니다.
그리고 '중국어 직진 발전문장!'으로 상황을
완벽하게 표현할 수 있게 됩니다.

자! 그러면 본격적으로 시작해보실까요?

UNIT 2's CONTENTS

201. ~하고 싶다 ▶ 능원동사 1.

U2-1-00
~하고 싶다

想
[xiǎng]

● 大家的前进汉语量开始无限巨增。　● 3번 쓰기 연습!

 → 想　想　想

 1) 중국어 직진 핵심문장!

 ①
U2-1-01

你想吃什么?
[Nǐ xiǎng chī shénme?]
당신은 무엇을 먹고 싶습니까?

- 你 [nǐ] 당신
- 吃 [chī] 먹다
- 想 [xiǎng] ~하고 싶다
- 什么 [shénme] 무엇

능원동사 **想 [xiǎng]** 은 원래 **想你** 처럼 뒤에 목적어 (**你**) 가 오면
'너를 생각한다'는 뜻의 동사이지만, **想去** 처럼 동사 (**去**) 앞에 쓰면,
'가고 싶다' 처럼 '~하고 싶다'라는 뜻의 조동사가 됩니다.

UNIT 2
01

●大家的前进汉语量无限增加。

- 比萨饼 [bǐsàbǐng] 피자
- 找 [zhǎo] 찾다
- 打棒球 [dǎ bàngqiú] 야구를 하다
- 工作 [gōngzuò] 일/직업

前进汉语核心句型 직진핵심문장 3

U2-1-02

我想吃比萨饼。
[Wǒ xiǎng chī bǐsàbǐng.]
나는 피자를 먹고 싶습니다.

U2-1-03

我想打棒球。
[Wǒ xiǎng dǎ bàngqiú.]
나는 야구를 하고 싶습니다.

U2-1-04

我想找工作。
[Wǒ xiǎng zhǎo gōngzuò.]
나는 직업을 찾고(취직하고) 싶습니다.

2) 중국어 직진 패턴문장!

자! 그러면 이제 우리는 여기까지 말할 수 있습니다!
능원동사 **想 [xiǎng]** 의 부정형은 **不想 [bù xiǎng]** (~하고 싶지 않다)입니다.

- 说 [shuō] 말하다
- 赚钱 [zhuànqián] 돈을 벌다
- 谁 [shéi] 누구
- 跟 [gēn] ~와
- 都 [dōu] 모두
- 聊天儿 [liáotiānr] 잡담하다

⑤

U2-1-05

我不想说。

[Wǒ bù xiǎng shuō.]

나는 말하고 싶지 않아요.

前进汉语 惯用 句型 직진 패턴 문장 3

⑥

U2-1-06

谁都想赚钱。

[Shéi dōu xiǎng zhuànqián.]

누구나 모두 돈을 벌고 싶어 합니다.

⑦

U2-1-07

我想跟你聊天儿。

[Wǒ xiǎng gēn nǐ liáotiānr.]

나는 당신과 대화하고 싶습니다.

3) 중국어 직진 발전문장!

Unit 1.에서 배운 문장을 100% 활용하여 여러분의 중국어 활용능력을 폭발시키는 코너입니다!

UNIT '101. 보고 듣고!'와 '102. 가고 오고!'를 활용한 발전문장 세트!

- 看 [kàn] 보다
- 电影 [diànyǐng] 영화
- 听 [tīng] 듣다
- 广播 [guǎngbō] 방송/라디오
- 去 [qù] 가다
- 学校 [xuéxiào] 학교
- 来 [lái] 오다
- 谁 [shéi] 누구
- 这儿 [zhèr] 여기

 ⑧

U2-1-08

我看电影。

[Wǒ kàn diànyǐng.]

나는 영화를 봅니다.

➡

U2-1-09

我想看电影。

[Wǒ xiǎng kàn diànyǐng.]

나는 영화를 보고 싶습니다.

● 大家的前进汉语量无限增加。

 ❾
U2-1-10

你听广播吗?
[Nǐ tīng guǎngbō ma?]
너 라디오(방송)를 듣니?

前进
汉语
扩展
句型
직진
발전
문장
3

➡ **你想听广播吗?**
U2-1-11
[Nǐ xiǎng tīng guǎngbō ma?]
너 라디오(방송)를 듣고 싶니?

 ❿
U2-1-12

我去学校。
[Wǒ qù xuéxiào.]
나는 학교에 갑니다.

 我想去学校。
U2-1-13
[Wǒ xiǎng qù xuéxiào.]
나는 학교에 가고 싶습니다.

 ⓫
U2-1-14

谁来这儿?
[Shéi lái zhèr?]
여기에 누가 옵니까?

➡ **谁想来这儿?**
U2-1-15
[Shéi xiǎng lái zhèr?]
여기에 누가 오고 싶습니까?

202. ~할 것이다 ▶ 능원동사 2.

U2-2-00
~할 것이다

要
[yào]

● 大家的前进汉语量开始无限巨增。 ● 3번 쓰기 연습!

 →  要　要　要　

 **1) 중국어 직진 핵심문장!**

 **①**
U2-2-01

我要走。
[Wǒ yào zǒu.]
나는 떠날 것입니다.

● 我 [wǒ] 나　　● 要 [yào] ~할 것이다　　● 走 [zǒu] 떠나다/걷다

능원동사 **要** [yào] 는 '~할 것이다/~해야 한다'라는 뜻입니다.
要你 처럼 다음에 목적어 (你) 가 오면 **要** 는 동사로서 '원하다' (너를 원하다)라는 뜻이 되는데, **要去** 처럼 **要** 가 동사 (去) 앞에 놓이면 조동사로서 '~할 것이다' (갈 것이다/가야 한다)는 의미가 됩니다.

  **UNIT 2 02**

● 大家的前进汉语量无限增加。

- 学习 [xuéxí] 공부하다
- 汉语 [Hànyǔ] 중국어
- 妈妈 [māma] 엄마
- 考 [kǎo] 시험 보다
- 第一名 [dìyīmíng] 1등
- 我们 [wǒmen] 우리들
- 一定 [yídìng] 반드시
- 成功 [chénggōng] 성공하다

前进汉语核心句型 직진핵심문장 **3**

 ②
U2-2-02
我要学习汉语。
[Wǒ yào xuéxí Hànyǔ.]
나는 중국어를 배우겠습니다.

③
U2-2-03
妈妈, 我要考第一名。
[Māma, wǒ yào kǎo dìyīmíng.]
엄마, 내가 1등을 시험 볼게요. (시험에서 1등 할게요.)

④
U2-2-04
我们一定要成功。
[Wǒmen yídìng yào chénggōng.]
우리들은 반드시 성공해야 합니다.

 ## 2) 중국어 직진 패턴문장!

자! 그러면 이제 우리는 여기까지 말할 수 있습니다!

조동사 **要 [yào]** 의 부정형은 **不要 [bú yào]** 가 아니고
不想 [bù xiǎng] 입니다.
'**不要** + 동사'는 '(동사)하지 마라'라는 부정의 명령형이 되기 때문에,
'~하지 않을 것이다'라는 **要** 의 부정형은 '**不想** + 동사'로 만듭니다.

- 走 [zǒu] 떠나다/걷다
- 浪费 [làngfèi] 낭비하다
- 着急 [zháojí] 서두르다

⑤
U2-2-05

我不想走。
[Wǒ bù xiǎng zǒu.]
나는 떠나지 않을 것입니다.

⑥
U2-2-06

不要浪费。
[Bú yào làngfèi.]
낭비하지 마라!

⑦
U2-2-07

不要着急。
[Bú yào zháojí.]
서두르지 마라!

3) 중국어 직진 발전문장!

Unit 1.에서 배운 문장을 100% 활용하여 여러분의 중국어 활용능력을 폭발시키는 코너입니다!

UNIT '103. 읽고 쓰고!'와 '104. 먹고 마시고!'를 활용한 발전문장 세트!

- 读 [dú] 읽다
- 写 [xiě] 쓰다
- 报告 [bàogào] 리포트
- 方便面 [fāngbiànmiàn] 라면
- 吃 [chī] 먹다
- 要 [hē] 마시다

 ⑧
U2-2-08

你读什么?
[Nǐ dú shénme?]
너는 무엇을 읽고 있니?

➡
U2-2-09

你要读什么?
[Nǐ yào dú shénme?]
너는 무엇을 읽을 거니?

  **UNIT 2 02**

● 大家的前进汉语量无限增加。

前进
汉语
扩展
句型
직진
발전
문장
3

❾
U2-2-10
我现在写报告。
[Wǒ xiànzài xiě bàogào.]
나는 지금 리포트를 씁니다.

➡
U2-2-11
我现在要写报告。
[Wǒ xiànzài yào xiě bàogào.]
나는 지금 리포트를 쓸 것입니다.

❿
U2-2-12
我吃方便面。
[Wǒ chī fāngbiànmiàn.]
나는 라면을 먹습니다.

➡
U2-2-13
我要吃方便面。
[Wǒ yào chī fāngbiànmiàn.]
나는 라면을 먹을 것입니다.

⓫
U2-2-14
你喝什么?
[Nǐ hē shénme?]
너는 무엇을 마시니?

➡
U2-2-15
你要喝什么?
[Nǐ yào hē shénme?]
너는 무엇을 마실 거니?

203. ~할 줄 안다 ▶ **능원동사 3.**

U2-3-00
~할 줄 안다

会
[huì]

● 大家的前进汉语量开始无限巨增。　● 3번 쓰기 연습!

 → 会　会　会

1) 중국어 직진 핵심문장!

 ①
U2-3-01

我会说汉语。
[Wǒ huì shuō Hànyǔ.]
나는 중국어를 할 줄 압니다.

● 我 [wǒ] 나　　　　　● 会 [huì] ~할 줄 안다　　　● 说 [shuō] 말하다
● 汉语 [Hànyǔ] 중국어

会 [huì] 는 원래 동사로 쓰면 '만나다/몸소 깨닫다'라는 뜻입니다.
능원동사 会 [huì] 는 '무엇인가를 배워서 이제 할 줄 알게 되었다'는
의미입니다. 다른 조동사와 마찬가지로 동사 앞에 놓여, '会 + 동사'
(~할 줄 안다)로 사용합니다.

   UNIT 2 **03**

● 大家的前进汉语量无限增加。

- 孩子 [háizi] 아이
- 妈妈 [māma] 엄마
- 唱歌 [chànggē] 노래하다
- 写 [xiě] 쓰다
- 开车 [kāichē] 운전하다
- 汉字 [Hànzì] 한자
- 爸爸 [bàba] 아빠

前进
汉语
核心
句型
직진
핵심
문장
3

 ②
U2-3-02

我孩子会写汉字。
[Wǒ háizi huì xiě Hànzì.]
우리 아이는 한자를 쓸 줄 압니다.

③
U2-3-03

我妈妈会开车。
[Wǒ māma huì kāichē.]
우리 엄마는 운전할 줄 압니다.

④
U2-3-04

爸爸会唱歌。
[Bàba huì chànggē.]
아빠는 노래를 부를 줄 압니다.

 **2) 중국어 직진 패턴문장!**

자! 그러면 이제 우리는 여기까지 말할 수 있습니다!

会 [huì] 는 '~할 줄 안다'는 조동사뿐만 아니라, '~할 것이다'라는
추측의 의미도 됩니다. 그리고 부정형은 **不会 [bú huì]** + 동사 (~할 수 없다
/~할 줄 모르다)입니다.

- 明天 [míngtiān] 내일
- 弹 [tán] 악기를 타다
- 更 [gèng] 더욱
- 吉他 [jítā] 기타
- 好 [hǎo] 좋다

⑤
U2-3-05

她会来吗?

[Tā huì lái ma?]

그녀가 올까요?

前进
汉语
惯用
句型
직진
패턴
문장
3

⑥
U2-3-06

明天会更好。

[Míngtiān huì gèng hǎo.]

내일 더 좋아질 것입니다.

⑦
U2-3-07

我不会弹吉他。

[Wǒ bú huì tán jítā.]

나는 기타를 칠 줄 모릅니다.

3) 중국어 직진 발전문장!

Unit 1.에서 배운 문장을 100% 활용하여 여러분의 중국어 활용능력을 폭발시키는 코너입니다!

UNIT '105. 열고 닫고!'와 '106. 사고 팔고!'를 활용한 발전문장 세트!

- 会 [huì] ~할 줄 안다
- 开 [kāi] 열다
- 这个 [zhège] 이것
- 门 [mén] 문
- 关 [guān] 닫다/끄다
- 上 [shang] 동사 뒤에 붙어서 그 동작이 완료되었다는 의미를 나타냄
- 电脑 [diànnǎo] 컴퓨터
- 买 [mǎi] 사다
- 网上购物商城 [wǎngshàng gòuwù shāngchéng] 인터넷 쇼핑몰
- 卖 [mài] 팔다
- 二手货 [èrshǒuhuò] 중고품

⑧
U2-3-08

我开这个门。

[Wǒ kāi zhège mén.] 나는 이 문을 엽니다.

我会开这个门。

U2-3-09

[Wǒ huì kāi zhège mén.] 나는 이 문을 열 줄 압니다.

大家的前进汉语量无限增加。

前进
汉语
扩展
句型
직진
발전
문장
3

9

U2-3-10

我关上电脑。
[Wǒ guānshang diànnǎo.]
나는 컴퓨터를 끕니다.

U2-3-11

我会关上电脑。
[Wǒ huì guānshang diànnǎo.]
나는 컴퓨터를 끌 줄 압니다.

10

U2-3-12

她在网上购物商城买。
[Tā zài wǎngshàng gòuwù shāngchéng mǎi.]
그녀는 인터넷쇼핑몰에서 삽니다.

U2-3-13

她会在网上购物商城买。
[Tā huì zài wǎngshàng gòuwù shāngchéng mǎi.]
그녀는 인터넷쇼핑몰에서 살 줄 압니다.

11

U2-3-14

他卖二手货。
[Tā mài èrshǒuhuò.]
그는 중고품을 팝니다.

U2-3-15

他会卖二手货。
[Tā huì mài èrshǒuhuò.]
그는 중고품을 팔 줄 압니다.

Practical, **Useful** and
Easy-To-Understand Lessons!

204. ~할 수 있다 ▶ 능원동사 4.

U2-4-00
~할 수 있다
能
[néng]

● 大家的前进汉语量开始无限巨增。　● 3번 쓰기 연습!

能　能　能

1) 중국어 직진 핵심문장!

 ①
U2-4-01
妈妈能说汉语。
[Māma néng shuō Hànyǔ.]
엄마는 중국어를 잘 말할 수 있습니다.

● 妈妈 [māma] 엄마　● 会 [huì] ~할 줄 안다　● 能 [néng] ~할 수 있다
● 说 [shuō] 말하다　● 汉语 [Hànyǔ] 중국어

능원동사 能 [néng] (~할 수 있다)는 会 [huì] (~할 줄 안다)에 비해 좀 더 능숙하게 잘 할 수 있다는 의미를 가집니다. 위치는 역시 동사 앞에 놓입니다.

UNIT 2
04

● 大家的前进汉语量无限增加。

- 谁 [shéi] 누구
- 都 [dōu] 모두
- 做菜 [zuòcài] 요리하다
- 克服 [kèfú] 극복하다
- 困难 [kùnnan] 곤란
- 后天 [hòutiān] 모레
- 也 [yě] 역시
- 借书 [jièshū] 책을 빌리다

前进
汉语
核心
句型
직진
핵심
문장
3

②
U2-4-02

谁都能做菜。
[Shéi dōu néng zuòcài.]
누구나 요리할 수 있습니다.

③
U2-4-03

我们能克服困难。
[Wǒ men néng kèfú kùnnan.]
우리는 곤란을 극복할 수 있어요.

④
U2-4-04

后天也能借书。
[Hòutiān yě néng jièshū.]
모레도 책을 빌릴 수 있어요.

2) 중국어 직진 패턴문장!

자! 그러면 이제 우리는 여기까지 말할 수 있습니다!

能 [néng] 의 부정형은 不能 [bù néng] (~할 수 없다)입니다.
아울러 不能 은 '~하지 마라'라는 '부정의 명령'을 나타내기도 합니다.

- 听懂 [tīngdǒng] 알아듣다
- 的 [de] ~의
- 话 [huà] 말
- 爱 [ài] 사랑하다
- 金钱 [jīnqián] 돈
- 爱情 [àiqíng] 애정/사랑

Practical, **Useful** and
Easy-To-Understand Lessons!

前进汉语惯用句型 직진패턴문장 3

⑤　**我不能听懂你的话。**
U2-4-05
[Wǒ bù néng tīngdǒng nǐ de huà.]
나는 당신 말을 알아들을 수 없습니다.

⑥　**我不能不爱她。**
U2-4-06
[Wǒ bù néng bú ài tā.]
나는 그녀를 사랑하지 않을 수 없습니다.

⑦　**金钱不能买爱情。**
U2-4-07
[Jīnqián bù néng mǎi àiqíng.]
돈은 사랑을 살 수 없습니다.

3) 중국어 직진 발전문장!

Unit 1.에서 배운 문장을 100% 활용하여 여러분의 중국어 활용능력을
폭발시키는 코너입니다!

UNIT '107. 묻고 말하고!'와 '108. 오르고 내리고'를 활용한 발전문장 세트!

- 问题 [wèntí] 질문/문제
- 问 [wèn] 묻다
- 谁 [shéi] 누구
- 说 [shuō] 말하다
- 呢 [ne] ~까 (의문을 나타내는 조사 吗 [ma] 와 다르게 '완곡한 어기'
또는 '살짝 다그치는 어기'를 나타낼 때 쓰는 의문조사)
- 儿子 [érzi] 아들
- 今年 [jīnnián] 금년
- 上 [shàng] 진학하다/오르다
- 大学 [dàxué] 대학교
- 在 [zài] ~에서
- 这儿 [zhèr] 여기
- 下车 [xià chē] 차를 내리다

⑧　**这个问题问谁?**
U2-4-08
[Zhège wèntí wèn shéi?]
이 문제를 누구에게 묻나요?

　这个问题能问谁?
U2-4-09
[Zhège wèntí néng wèn shéi?]
이 문제를 누구에게 물을 수 있나요?

● 大家的前进汉语量无限增加。

⑨
U2-4-10

谁不说呢?
[Shéi bù shuō ne?]
누가 말하지 않습니까?

前进
汉语
扩展
句型
직진
발전
문장
3

➡
U2-4-11

谁能不说呢?
[Shéi néng bù shuō ne?]
누가 말하지 않을 수 있습니까?

⑩
U2-4-12

我儿子今年上大学。
[Wǒ érzi jīnnián shàng dàxué.]
우리 아들은 올해 대학교에 갑니다.

➡
U2-4-13

我儿子今年能上大学。
[Wǒ érzi jīnnián néng shàng dàxué.]
우리 아들은 올해 대학교에 갈 수 있습니다.

⑪
U2-4-14

在这儿下车。
[Zài zhèr xià chē.]
여기에서 차를 내립니다.

➡
U2-4-15

能在这儿下车吗?
[Néng zài zhèr xià chē ma?]
여기에서 차를 내릴 수 있습니까?

Practical, **Useful** and
Easy-To-Understand Lessons!

205. ~해야 한다 ▶ 능원동사 5.

U2-5-00
~해야 한다

应该
[yīnggāi]

● 大家的前进汉语量开始无限巨增。　● 3번 쓰기 연습!

应该 应该 应该

前进汉语

1) 중국어 직진 핵심문장!

 ①
U2-5-01

你应该说明。
[Nǐ yīnggāi shuōmíng.]
너는 설명해야 한다.

● 你 [nǐ] 너　　● 应该 [yīnggāi] ~해야 한다　　● 说明 [shuōmíng] 설명하다

능원동사 **应该** [yīnggāi] 는 '~해야 한다'는 뜻입니다. **应该** [yīnggāi] 는 줄여서 **该** [gāi] 라고만 하기도 합니다. 위치는 역시 동사의 앞입니다.

UNIT 2 05

大家的前进汉语量无限增加。

- 爱好 [àihào] 애호하다
- 的 [de] (명사/형용사/동사 또는 문장의 뒤에 붙여서) ~인 것
- 知道 [zhīdao] 알다
- 和平 [hépíng] 평화
- 做 [zuò] 하다
- 是 [shì] ~이다

前进汉语核心句型 직진핵심문장 3

U2-5-02

应该爱好和平。
[Yīnggāi àihào hépíng.]
평화를 애호해야 합니다.

U2-5-03

我应该做的。
[Wǒ yīnggāi zuòde.]
내가 해야 할 일입니다.

U2-5-04

这是你应该知道的。
[Zhè shì nǐ yīnggāi zhīdaode.]
이것은 당신이 알아야 하는 것입니다.

2) 중국어 직진 패턴문장!

자! 그러면 이제 우리는 여기까지 말할 수 있습니다!
应该 [yīnggāi] 의 부정형은 **不应该** [bù yīnggāi] 또는
不该 [bù gāi] (~하면 안 된다)입니다.

- 生病 [shēngbìng] 병나다
- 休息 [xiūxí] 쉬다
- 随地 [suídì] 아무 데나
- 在~中 [zài ~ zhōng] ~하는 중에
- 打哈欠 [dǎ hāqian] 하품하다
- ~的时候 [~de shíhou] ~할 때
- 撒尿 [sāniào] 오줌 누다
- 上课 [shàngkè] 수업하다

前进
汉语
惯用
句型
직진
패턴
문장
3

⑤

U2-5-05

生病的时候应该休息。

[Shēngbìng de shíhou yīnggāi xiūxí.]

아플 때는 쉬어야 합니다.

⑥

U2-5-06

不应该随地撒尿。

[Bù yīnggāi suídì sāniào.]

아무 데나 소변을 보면 안 됩니다.

⑦

U2-5-07

在上课中不该打哈欠。

[Zài shàngkè zhōng bù gai dǎ hāqian.]

수업 시간에 하품을 해서는 안 됩니다.

3) 중국어 직진 발전문장!

Unit 1.에서 배운 문장을 100% 활용하여 여러분의 중국어 활용능력을
폭발시키는 코너입니다!

UNIT '109. 배우고 가르치고'와 '110. 노래하고 춤추고'를 활용한
발전문장 세트!

- 学 [xué] 배우다
- 老师 [lǎoshī] 선생님
- 唱歌 [chànggē] 노래 부르다
- 开始 [kāishǐ] 시작하다

- 修理 [xiūlǐ] 수리하다
- 教 [jiāo] 가르치다
- 几点 [jǐ diǎn] 몇 시
- 跳舞 [tiàowǔ] 춤추다

- 汽车 [qìchē] 자동차
- 什么 [shénme] 무엇

⑧

U2-5-08

他学修理汽车。

[Tā xué xiūlǐ qìchē.]

그는 자동차 수리하는 것을 배웁니다.

U2-5-09

他应该学修理汽车。

[Tā yīnggāi xué xiūlǐ qìchē.]

그는 자동차 수리하는 것을 배워야 합니다.

UNIT 2
05

前进
汉语
扩展
句型
직진
발전
문장
3

老师教他们什么?
U2-5-10
[Lǎoshī jiāo tāmen shénme?]
선생님은 그들에게 무엇을 가르칩니까?

老师应该教他们什么?
U2-5-11
[Lǎoshī yīnggāi jiāo tāmen shénme?]
선생님은 그들에게 무엇을 가르쳐야 합니까?

你唱什么歌?
U2-5-12
[Nǐ chàng shénme gē?]
당신은 어떤 노래를 부릅니까?

你应该唱什么歌?
U2-5-13
[Nǐ yīnggāi chàng shénme gē?]
당신은 어떤 노래를 불러야 합니까?

几点开始跳舞?
U2-5-14
[Jǐ diǎn kāishǐ tiàowǔ?]
몇 시에 춤을 추기 시작합니까?

应该几点开始跳舞?
U2-5-15
[Yīnggāi jǐ diǎn kāishǐ tiàowǔ?]
몇 시에 춤을 추기 시작해야 합니까?

Practical, **Useful** and
Easy-To-Understand Lessons!

■ 跟	[gēn]	~와
■ 聊天儿	[liáotiānr]	잡담하다
■ 看	[kàn]	보다
■ 电影	[diànyǐng]	영화
■ 听	[tīng]	듣다
■ 广播	[guǎngbō]	방송/라디오
■ 去	[qù]	가다
■ 学校	[xuéxiào]	학교
■ 来	[lái]	오다
■ 谁	[shéi]	누구
■ 这儿	[zhèr]	여기

* 이번 Unit 의 모든 단어를 정리했습니다.

UNIT 2 단어정리
중국어 조동사 5개로
중국어 5배로
팽창시키는 방법!

 201. ~하고 싶다

■ 你	[nǐ]	당신
■ 想	[xiǎng]	~하고 싶다
■ 吃	[chī]	먹다
■ 什么	[shénme]	무엇
■ 比萨饼	[bǐsàbǐng]	피자
■ 打棒球	[dǎ bàngqiú]	야구를 하다
■ 找	[zhǎo]	찾다
■ 工作	[gōngzuò]	일/직업
■ 说	[shuō]	말하다
■ 谁	[shéi]	누구
■ 都	[dōu]	모두
■ 赚钱	[zhuànqián]	돈을 벌다

 202. ~할 것이다

■ 我	[wǒ]	나
■ 要	[yào]	~할 것이다
■ 走	[zǒu]	떠나다/걷다
■ 学习	[xuéxí]	공부하다
■ 汉语	[Hànyǔ]	중국어
■ 妈妈	[māma]	엄마
■ 考	[kǎo]	시험 보다
■ 第一名	[dìyīmíng]	1등
■ 我们	[wǒmen]	우리들
■ 一定	[yídìng]	반드시
■ 成功	[chénggōng]	성공하다
■ 走	[zǒu]	떠나다/걷다
■ 浪费	[làngfèi]	낭비하다
■ 着急	[zháojí]	서두르다
■ 读	[dú]	읽다
■ 写	[xiě]	쓰다

- 报告 [bàogào] 리포트
- 方便面 [fāngbiànmiàn] 라면
- 吃 [chī] 먹다
- 要 [hē] 마시다

- 买 [mǎi] 사다
- 网上购物商城 [wǎngshàng gòuwù shāngchéng] 인터넷 쇼핑몰
- 卖 [mài] 팔다
- 二手货 [èrshǒuhuò] 중고품

203. ~할 줄 안다

- 我 [wǒ] 나
- 会 [huì] ~할 줄 안다
- 说 [shuō] 말하다
- 汉语 [Hànyǔ] 중국어
- 孩子 [háizi] 아이
- 写 [xiě] 쓰다
- 汉字 [Hànzì] 한자
- 妈妈 [māma] 엄마
- 开车 [kāichē] 운전하다
- 爸爸 [bàba] 아빠
- 唱歌 [chànggē] 노래하다
- 明天 [míngtiān] 내일
- 更 [gèng] 더욱
- 好 [hǎo] 좋다
- 弹 [tán] 악기를 타다
- 吉他 [jítā] 기타
- 会 [huì] ~할 줄 안다
- 开 [kāi] 열다
- 这个 [zhège] 이것
- 门 [mén] 문
- 关 [guān] 닫다/끄다
- 上 [shang] 동작의 완료를 나타냄
- 电脑 [diànnǎo] 컴퓨터

204. ~할 수 있다

- 妈妈 [māma] 엄마
- 会 [huì] ~할 줄 안다
- 能 [néng] ~할 수 있다
- 说 [shuō] 말하다
- 汉语 [Hànyǔ] 중국어
- 谁 [shéi] 누구
- 都 [dōu] 모두
- 做菜 [zuòcài] 요리하다
- 克服 [kèfú] 극복하다
- 困难 [kùnnan] 곤란
- 后天 [hòutiān] 모레
- 也 [yě] 역시
- 借书 [jièshū] 책을 빌리다
- 听懂 [tīngdǒng] 알아듣다
- 的 [de] ~의
- 话 [huà] 말
- 爱 [ài] 사랑하다
- 金钱 [jīnqián] 돈
- 爱情 [àiqíng] 애정/사랑
- 问题 [wèntí] 질문/문제
- 问 [wèn] 묻다

Practical, **Useful** and **Easy-To-Understand** Lessons!

■ 呢	[ne]	~까
■ 儿子	[érzi]	아들
■ 今年	[jīnnián]	금년
■ 上	[shàng]	진학하다/오르다
■ 大学	[dàxué]	대학교
■ 在	[zài]	~에서
■ 这儿	[zhèr]	여기
■ 下车	[xià chē]	차를 내리다

■ 修理	[xiūlǐ]	수리하다
■ 汽车	[qìchē]	자동차
■ 老师	[lǎoshī]	선생님
■ 教	[jiāo]	가르치다
■ 什么	[shénme]	무엇
■ 唱歌	[chànggē]	노래 부르다
■ 几点	[jǐ diǎn]	몇 시
■ 开始	[kāishǐ]	시작하다
■ 跳舞	[tiàowǔ]	춤추다

205. ~해야 한다

■ 你	[nǐ]	너
■ 应该	[yīnggāi]	~해야 한다
■ 说明	[shuōmíng]	설명하다
■ 爱好	[àihào]	애호하다
■ 和平	[hépíng]	평화
■ 做	[zuò]	하다
■ 的	[de]	~인 것
■ 是	[shì]	~이다
■ 知道	[zhīdao]	알다
■ 生病	[shēngbìng]	병나다
■ ~的时候	[~de shíhou]	~할 때
■ 休息	[xiūxí]	쉬다
■ 随地	[suídì]	아무 데나
■ 撒尿	[sāniào]	오줌 누다
■ 在~中	[zài ~ zhōng]	~하는 중에
■ 上课	[shàngkè]	수업하다
■ 打哈欠	[dǎ hāqian]	하품하다
■ 学	[xué]	배우다

前进汉语

Practical, Useful and **Easy-To-Understand** Lessons!

GO STRAIGHT
CHINESE

前进汉语

大家的
前进汉语
量无限增加

应该爱好和平。 →

UNIT
3

Practical, **Useful** and
Easy-To-Understand Lessons!

UNIT 3
중국어 의문사 6개로 여러분의 모든 궁금증을 해결하는 방법!

UNIT 3의 결정적 특징!

여러분의 궁금증을 해결해 주는 중국어 표현,
중국어의 국가대표급 '의문사'들을 소개합니다.
이제 여러분의 모든 중국어가 의문문으로
변환될 수 있습니다.

UNIT 3의 각 과의 구성방식!!

'동사 + 목적어' 구조의
'중국어 직진 핵심문장!'으로 이해하고,
'중국어 직진 패턴문장!'으로 연습합니다.
그리고 '중국어 직진 발전문장!'으로 상황을
완벽하게 표현할 수 있게 됩니다.

자! 그러면 본격적으로 시작해보실까요?

UNIT 3's CONTENTS

301. 누가? ▶ 의문사 1.

U3-1-00

谁?

[Shéi?] 누가?

● 大家的前进汉语量开始无限巨增。　● 3번 쓰기 연습!

 → 谁　谁　谁

1) 중국어 직진 핵심문장!

'누가?'는 谁?[Shéi?] 입니다. 중국어의 '누가'는 '누구를'도 될 수 있습니다. 중국어는 이렇게 경우에 따라 그때그때 문장성분이 변하는 독특한 특징이 있습니다.

①
谁?
[Shéi?] 누구?

U3-1-01

2) 중국어 직진 패턴문장!

자! 그러면 의문사 '누가?'를 이용한 베스트 표현 3가지를 만나보겠습니다.

● 谁 [shéi] 누구　　　● 是 [shì] ~이다　　　● 去 [qù] 가다
● 首尔 [Shǒu'ěr] 서울　● 找 [zhǎo] 찾다

②
你是谁?
[Nǐ shì shéi?] 당신은 누구입니까?

U3-1-02

前进
汉语
惯用
句型
직진
패턴
문장
3

③
谁去首尔?
[Shéi qù shǒu'ěr?] 누가 서울에 갑니까?

U3-1-03

④
你找谁?
[Nǐ zhǎo shéi?] 당신은 누구를 찾습니까?

U3-1-04

   UNIT 3 **01**

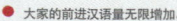
● 大家的前进汉语量无限增加。

3) 중국어 직진 발전문장!

Unit 1~2.에서 배운 문장을 100% 활용하여 여러분의 중국어 활용능력을 폭발시키는 코너입니다!

- 想 [xiǎng] ~하고 싶다
- 看 [kàn] 보다
- 电影 [diànyǐng] 영화
- 听 [tīng] 듣다
- 广播 [guǎngbō] 방송/라디오
- 去 [qù] 가다
- 学校 [xuéxiào] 학교

我想看电影。

U3-1-05
[Wǒ xiǎng kàn diànyǐng.]
나는 영화를 보고 싶습니다.

谁想看电影?

U3-1-06
[Shéi xiǎng kàn diànyǐng?]
누가 영화를 보고 싶어 합니까?

你想听广播吗?

U3-1-07
[Nǐ xiǎng tīng guǎngbō ma?]
너 라디오(방송)를 듣고 싶니?

前进
汉语
扩展
句型
직진
발전
문장
3

谁想听广播?

U3-1-08
[Shéi xiǎng tīng guǎngbō?]
누가 라디오(방송)를 듣고 싶어 합니까?

我想去学校。

U3-1-09
[Wǒ xiǎng qù xuéxiào.]
나는 학교에 가고 싶습니다.

谁想去学校?

U3-1-10
[Shéi xiǎng qù xuéxiào?]
누가 학교에 가고 싶어 합니까?

前进汉语 大家的前进汉语 量无限增加。

302. 어떻게? ▶ 의문사 2.

U3-2-00

怎么?
[Zěnme?]
어떻게?

 大家的前进汉语量开始无限巨增。 · 3번 쓰기 연습!

→ 怎么 怎么 怎么

 ## 1) 중국어 직진 핵심문장!

'어떻게?'는 怎么?[Zěnme?] 입니다. 怎么 [zěnme] 는 의문사 중에서도 부사어의 역할을 합니다. 부사어는 우리말처럼 중국어도 술어 앞에 위치합니다. 그리고 중국어는 술어 다음에 오는 명사(대명사)는 모두 목적어라고 합니다.

❶ # 怎么?
U3-2-01 [Zěnme?] 어떻습니까?

 ## 2) 중국어 직진 패턴문장!

자! 그러면 의문사 '어떻게?'를 이용한 베스트 표현 3가지를 만나보겠습니다.

- 怎么 [zěnme] 어떻게
- 这 [zhè] 이것
- 菜 [cài] 요리
- 办 [bàn] 처리하다
- 个 [ge] 개 (갯수를 나타내는 말, 양사)
- 吃 [chī] 먹다
- 那儿 [nàr] 거기/그곳

❷ # 怎么办?
U3-2-02 [Zěnme bàn?] 어떻게 합니까?

 前进汉语惯用句型 직진 패턴문장 **3**

❸ # 怎么去那儿?
U3-2-03 [Zěnme qù nàr?] 거기를 어떻게 갑니까?

❹ # 这个菜怎么吃?
U3-2-04 [Zhège cài zěnme chī?] 이 음식은 어떻게 먹습니까?

Practical, **Useful** and **Easy-To-Understand** Lessons!

UNIT 3
02

● 大家的前进汉语量无限增加。

这个菜 는 원래 **这一个菜 [Zhè yí ge cài]** 에서 '하나'라는 뜻의
一 [yí] 가 생략된 상태로 '이 하나의 음식'이라는 뜻입니다.

3) 중국어 직진 발전문장!

Unit 1~2.에서 배운 문장을 100% 활용하여 여러분의 중국어 활용능력을
폭발시키는 코너입니다!

- 汉语 [Hànyǔ] 중국어
- 学习 [xuéxí] 공부하다
- 报告 [bàogào] 리포트
- 要 [yào] ~할 것이다
- 写 [xiě] 쓰다
- 方便面 [fāngbiànmiàn] 라면
- 吃 [chī] 먹다

前进
汉语
扩展
句型
직진
발전
문장
3

他要学习汉语。
U3-2-05　[Tā yào xuéxí Hànyǔ.] 그는 중국어를 배울 것입니다.

他要怎么学习汉语?
U3-2-06　[Tā yào zěnme xuéxí Hànyǔ?]
그는 중국어를 어떻게 배울 것입니까?

他要写报告。
U3-2-07　[Tā yào xiě bàogào.] 그는 리포트를 쓸 것입니다.

他要怎么写报告?
U3-2-08　[Tā yào zěnme xiě bàogào?]
그는 리포트를 어떻게 쓸 것입니까?

他要吃方便面。
U3-2-09　[Tā yào chī fāngbiànmiàn.] 그는 라면을 먹을 것입니다.

他要怎么吃方便面?
U3-2-10　[Tā yào zěnme chī fāngbiànmiàn?]
그는 라면을 어떻게 먹을 것입니까?

Practical, **Useful** and
Easy-To-Understand Lessons!

303. 어디? ▶ 의문사 3.

U3-3-00
哪儿?
[Nǎr?] 어디?

● 大家的前进汉语量开始无限巨增。　　● 3번 쓰기 연습!

 → 哪儿 哪儿 哪儿

 ## 1) 중국어 직진 핵심문장!

'어디?'는 哪儿? [Nǎr?] 입니다. 哪儿 [nǎr] 은 '그곳'이라는 뜻의 那儿 [nàr] 과 모양도 발음도 비슷하지만 哪儿? [nǎr?] 는 성조가 3성이므로 길게 발음합니다.

❶　# 哪儿?
U3-3-01　[Nǎr?] 어디입니까?

 ## 2) 중국어 직진 패턴문장!

자! 그러면 의문사 '어디?'를 이용한
베스트 표현 3가지를 만나보겠습니다.

● 哪儿 [nǎr] 어디　　　● 住 [zhù] 살다
● 书店 [shūdiàn] 서점　● 在 [zài] 존재하다

❷　# 你住哪儿?
U3-3-02　[Nǐ zhù nǎr?] 당신은 어디에 사십니까?

前进
汉语
惯用
句型

직진
패턴
문장
3

❸　# 书店在哪儿?
U3-3-03　[Shūdiàn zài nǎr?] 서점은 어디에 있습니까?

❹　# 你去哪儿?
U3-3-04　[Nǐ qù nǎr?] 당신은 어디로 갑니까?

UNIT 3
03

● 大家的前进汉语量无限增加。

3) 중국어 직진 발전문장!

Unit 1~2.에서 배운 문장을 100% 활용하여 여러분의 중국어 활용능력을
폭발시키는 코너입니다!

- 这儿 [zhèr] 여기   - 买 [mǎi] 사다   - 网上购物商城 [wǎngshàng gòuwù shāngchéng] 인터넷 쇼핑몰   - 卖 [mài] 팔다   - 二手货 [èrshǒuhuò] 중고품
- 二手车 [èrshǒuchē] 중고차   - 东西 [dōngxi] 물건

他在这儿买二手货。

U3-3-05
[Tā zài zhèr mǎi èrshǒuhuò.]
그는 여기에서 중고품을 삽니다.

他在哪儿买二手货?

U3-3-06
[Tā zài nǎr mǎi èrshǒuhuò?]
그는 어디에서 중고품을 삽니까?

她在网上购物商城买东西。

U3-3-07
[Tā zài wǎngshàng gòuwù shāngchéng mǎi dōngxi.]
그녀는 인터넷쇼핑몰에서 물건을 삽니다.

她在哪儿买东西?

U3-3-08
[Tā zài nǎr mǎi dōngxi?]
그녀는 어디에서 물건을 삽니까?

他卖二手车。

U3-3-09
[Tā mài èrshǒuchē.] 그는 중고차를 팝니다.

他在哪儿卖二手车?

U3-3-10
[Tā zài nǎr mài èrshǒuchē?]
그는 어디에서 중고차를 팝니까?

Practical, **Useful** and
Easy-To-Understand Lessons!

304. 무엇? ▶ 의문사 4.

U3-4-00

什么?
[Shénme?]
무엇?

● 大家的前进汉语量开始无限巨增。　● 3번 쓰기 연습!

 → 什么　什么　什么

1) 중국어 직진 핵심문장!

'무엇?'은 **什么?** [Shénme?] 입니다.
什么 [shénme] 가 단독으로 쓰이면 '무엇' 이지만,
다음에 명사가 나오면 '무슨'이 됩니다.

❶
U3-4-01
什么?
[Shénme?] 무엇입니까?

2) 중국어 직진 패턴문장!

자! 그러면 의문사 '무엇?'을 이용한
베스트 표현 3가지를 만나보겠습니다.

● 那 [nà] 저것
● 做 [zuò] 하다
● 什么 [shénme] 무엇
● 工作 [gōngzuò] 일

❷
U3-4-02
那是什么?
[Nà shì shénme?] 저것은 무엇입니까?

前进
汉语
惯用
句型
직진
패턴
문장
3

❸
U3-4-03
他做什么?
[Tā zuò shénme?] 그는 무엇을 합니까?

❹
U3-4-04
你做什么工作?
[Nǐ zuò shénme gōngzuò?] 당신은 무슨 일을 하십니까?

● 大家的前进汉语量无限增加。

3) 중국어 직진 발전문장!

Unit 1~2.에서 배운 문장을 100% 활용하여 여러분의 중국어 활용능력을
폭발시키는 코너입니다!

- 美人 [měirén] 미인
- 经常 [jīngcháng] 자주/늘
- 喝 [hē] 마시다
- 水 [shuǐ] 물
- 问题 [wèntí] 문제
- 问 [wèn] 묻다
- 技术学校 [jìshù xuéxiào] 기술학교
- 学 [xué] 배우다
- 修理 [xiūlǐ] 수리하다
- 汽车 [qìchē] 자동차

⑤ 美人经常喝水。
U3-4-05　[Měirén jīngcháng hē shuǐ.]
미인은 물을 자주 마십니다.

➡ 美人经常喝什么?
U3-4-06　[Měirén jīngcháng hē shénme?]
미인은 자주 무엇을 마십니까?

⑥ 有问题,去问谁?
U3-4-07　[Yǒu wèntí, qù wèn shéi?]
문제가 생기면, 누구에게 가서 묻나요?

➡ 有什么问题,去问谁?
U3-4-08　[Yǒu shénme wèntí, qù wèn shéi?]
무슨 문제가 생기면, 누구에게 가서 묻나요?

前进
汉语
扩展
句型
직진
발전
문장
3

⑦ 他在技术学校学修理汽车。
U3-4-09　[Tā zài jìshù xuéxiào xué xiūlǐ qìchē.]
그는 기술학교에서 자동차 수리를 배웁니다.

➡ 他在技术学校学什么?
U3-4-10　[Tā zài jìshù xuéxiào xué shénme?]
그는 기술학교에서 무엇을 배웁니까?

305. 언제? ▶ 의문사 5.

U3-5-00

什么时候?
[Shénme shíhou?]
언제?

● 大家的前进汉语量开始无限巨增。　● 3번 쓰기 연습!

 → 什么时候　什么时候

1) 중국어 직진 핵심문장!

중국어에는 '언제'라는 표현이 따로 있지 않고, **什么 + 时候** 처럼 '무슨 때'가 '언제'가 됩니다. **什么时候** 는 시간을 나타내는 의문부사로서 술어 앞에 위치합니다.

 ❶
U3-5-01

什么时候?
[Shénme shíhou?] 언제입니까?

2) 중국어 직진 패턴문장!

자! 그러면 의문사 '언제?'를 이용한
베스트 표현 3가지를 만나보겠습니다.

● 什么时候 [shénme shíhou] 언제
● 开始 [kāishǐ] 시작하다
● 出发 [chūfā] 출발하다
● 做好 [zuòhǎo] 완료하다

 ❷
U3-5-02

什么时候出发?
[Shénme shíhou chūfā?] 언제 출발합니까?

前进
汉语
惯用
句型
직진
패턴
문장
3

 ❸
U3-5-03

什么时候开始?
[Shénme shíhou kāishǐ?] 언제 시작합니까?

❹
U3-5-04

什么时候做好?
[Shénme shíhou zuòhǎo?] 언제 다 됩니까?

 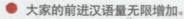

UNIT 3
05

● 大家的前进汉语量无限增加。

3) 중국어 직진 발전문장!

Unit 1~2.에서 배운 문장을 100% 활용하여 여러분의 중국어 활용능력을
폭발시키는 코너입니다!

- 孩子 [háizi] 아이 ● 学会 [xuéhuì] 배워서 익히다 ● 说话 [shuōhuà] 말하다
- 上夜班 [shàng yèbān] 야근하다 ● 下 [xià] 내리다 ● 了 [le] 동사의 뒤에
붙어서 동사의 완료 상태를 나타내는 조사 ● 一场 [yìchǎng] 한판 ● 雨 [yǔ] 비

⑤

我孩子学会说话。

U3-5-05
[Wǒ háizi xuéhuì shuōhuà.]
우리 아이는 말을 (배워서) 할 줄 압니다.

➡ ### 孩子什么时候学会说话?

U3-5-06
[Háizi shénme shíhou xuéhuì shuōhuà?]
아이는 언제 말을 (배워서) 할 줄 압니까?

전진
汉语
扩展
句型
직진
발전
문장
3

⑥

他今天上夜班。

U3-5-07
[Tā jīntiān shàng yèbān.]
그는 오늘 야근입니다.

➡ ### 他什么时候上夜班?

U3-5-08
[Tā shénme shíhou shàng yèbān?]
그는 언제 야근입니까?

⑦

下了一场雨。

U3-5-09
[Xiàle yìchǎng yǔ.] 비가 한바탕 내렸습니다.

➡ ### 什么时候下了一场雨?

U3-5-10
[Shénme shíhou xiàle yìchǎng yǔ?]
언제 비가 한바탕 내렸습니까?

Practical, **Useful** and
Easy-To-Understand Lessons!

306. 왜? ▶ 의문사 6.

U3-6-00

为什么?
[Wèishénme?]
왜?

● 大家的前进汉语量开始无限巨增。 ● 3번 쓰기 연습!

 → 为什么 为什么

1) 중국어 직진 핵심문장!

'왜?'는 **为什么?** [Wèishénme?] 입니다. **为** 는 [wèi] 로 발음하면
'~때문에'이고, [wéi] 로 발음하면 '~하다'라는 뜻입니다. 따라서 **为什么**
[wèishénme] 는 '무엇 때문에(왜)'라는 뜻이 됩니다.
为什么 는 이유/원인을 묻는 의문부사로서 술어 앞에 위치합니다.

> **①**
> U3-6-01

为什么?
[Wèishénme?] 왜입니까?

2) 중국어 직진 패턴문장!

자! 그러면 의문사 '왜?'를 이용한 베스트 표현 3가지를 만나보겠습니다.

● 为什么 [wèishénme] 왜 ● 这样 [zhèyàng] 이러하다 ● 不 [bù] 아니다 (다음
에 나오는 술어의 성조가 4성이면 2성으로 바꿔서 발음함) ● 谁 [shéi] 누구
● 也 [yě] 역시/조차도 ● 在 [zài] 있다/존재하다

②
U3-6-02

为什么这样?
[Wèishénme zhèyàng?] 왜 이렇습니까?

③
U3-6-03

为什么不去?
[Wèishénme bú qù?] 왜 가지 않습니까?

④
U3-6-04

为什么谁也不在?
[Wèishénme shéi yě bú zài?] 왜 아무도 없습니까?

UNIT 3 06

● 大家的前进汉语量无限增加。

谁也不在 를 직역하면 '누구조차도 없다'인데, 여기에서 也 [yě] 는 '~조차도'라는 강조의 역할을 합니다. 그래서 谁也不~ 라고 하면 '아무도 ~않다'라는 뜻으로 강조의 어감을 나타냅니다.

3) 중국어 직진 발전문장!

Unit 1~2.에서 배운 문장을 100% 활용하여 여러분의 중국어 활용능력을 폭발시키는 코너입니다!

● 听 [tīng] 듣다
● 读 [dú] 공부하다
● 广播 [guǎngbō] 라디오 (방송)
● 跳交际舞 [tiào jiāojìwǔ] 사교춤을 추다

你听广播吗?

U3-6-05 [Nǐ tīng guǎngbō ma?] 너 라디오(방송)를 듣니?

你为什么听广播?

[Nǐ wèishénme tīng guǎngbō?]

U3-6-06 너 왜 라디오(방송)를 듣니?

<table>
<tr><td>前进汉语扩展句型直진발전문장
3</td></tr>
</table>

她现在读汉语。

U3-6-07 [Tā xiànzài dú Hànyǔ.] 그녀는 지금 중국어를 공부합니다.

她现在为什么读汉语?

U3-6-08 [Tā xiànzài wèishénme dú Hànyǔ?]
그녀는 지금 왜 중국어를 공부합니까?

你在哪儿学跳交际舞?

U3-6-09 [Nǐ zài nǎr xué tiào jiāojìwǔ?]
당신은 어디에서 사교춤 추는 것을 배웁니까?

你为什么学跳交际舞?

U3-6-10 [Nǐ wèishénme xué tiào jiāojìwǔ?]
당신은 왜 사교춤 추는 것을 배웁니까?

Practical, **Useful** and **Easy-To-Understand** Lessons!

302. 어떻게? ▶ 의문사 2.

- 怎么 [zěnme] 　어떻게
- 办 [bàn] 　처리하다
- 那儿 [nàr] 　거기/그곳
- 这 [zhè] 　이것
- 个 [ge] 　개
- 菜 [cài] 　요리
- 吃 [chī] 　먹다
- 汉语 [Hànyǔ] 　중국어
- 要 [yào] 　~할 것이다
- 学习 [xuéxí] 　공부하다
- 写 [xiě] 　쓰다
- 报告 [bàogào] 　리포트
- 方便面 [fāngbiànmiàn] 　라면
- 吃 [chī] 　먹다

* 이번 Unit 의 모든 단어를 정리했습니다.

UNIT 3 단어정리
중국어 의문사 6개로
여러분의 모든 궁금증을
해결하는 방법!

301. 누가? ▶ 의문사 1.

- 谁 [shéi] 　누구
- 是 [shì] 　~이다
- 去 [qù] 　가다
- 首尔 [Shǒu'ěr] 　서울
- 找 [zhǎo] 　찾다
- 想 [xiǎng] 　~하고 싶다
- 看 [kàn] 　보다
- 电影 [diànyǐng] 　영화
- 听 [tīng] 　듣다
- 广播 [guǎngbō] 　방송/라디오
- 去 [qù] 　가다
- 学校 [xuéxiào] 　학교

303. 어디? ▶ 의문사 3.

- 哪儿 [nǎr] 　어디
- 住 [zhù] 　살다
- 书店 [shūdiàn] 　서점
- 在 [zài] 　존재하다
- 这儿 [zhèr] 　여기
- 买 [mǎi] 　사다
- 网上购物商城 [wǎngshàng gòuwù shāngchéng] 　인터넷 쇼핑몰
- 卖 [mài] 　팔다
- 二手货 [èrshǒuhuò] 　중고품
- 二手车 [èrshǒuchē] 　중고차
- 东西 [dōngxi] 　물건

304. 무엇? ▶ 의문사 4.

- 那 [nà] 저것
- 什么 [shénme] 무엇
- 做 [zuò] 하다
- 工作 [gōngzuò] 일
- 美人 [měirén] 미인
- 经常 [jīngcháng] 자주/늘
- 喝 [hē] 마시다
- 水 [shuǐ] 물
- 问题 [wèntí] 문제
- 问 [wèn] 묻다
- 技术学校 [jìshù xuéxiào] 기술학교
- 学 [xué] 배우다
- 修理 [xiūlǐ] 수리하다
- 汽车 [qìchē] 자동차

- 雨 [yǔ] 비

 306. 왜? ▶ 의문사 6.

- 为什么 [wèishénme] 왜
- 这样 [zhèyàng] 이러하다
- 不 [bù] 아니다
- 谁 [shéi] 누구
- 也 [yě] 역시/조차도
- 在 [zài] 있다/존재하다
- 听 [tīng] 듣다
- 广播 [guǎngbō] 라디오 (방송)
- 读 [dú] 공부하다
- 跳交际舞 [tiào jiāojìwǔ] 사교춤을 추다

 305. 언제? ▶ 의문사 5.

- 什么时候 [shénme shíhou] 언제
- 出发 [chūfā] 출발하다
- 开始 [kāishǐ] 시작하다
- 做好 [zuòhǎo] 완료하다
- 孩子 [háizi] 아이
- 学会 [xuéhuì] 배워서 익히다
- 说话 [shuōhuà] 말하다
- 上夜班 [shàng yèbān] 야근하다
- 下 [xià] 내리다
- 了 [le] 완료 상태의 조사
- 一场 [yìchǎng] 한판

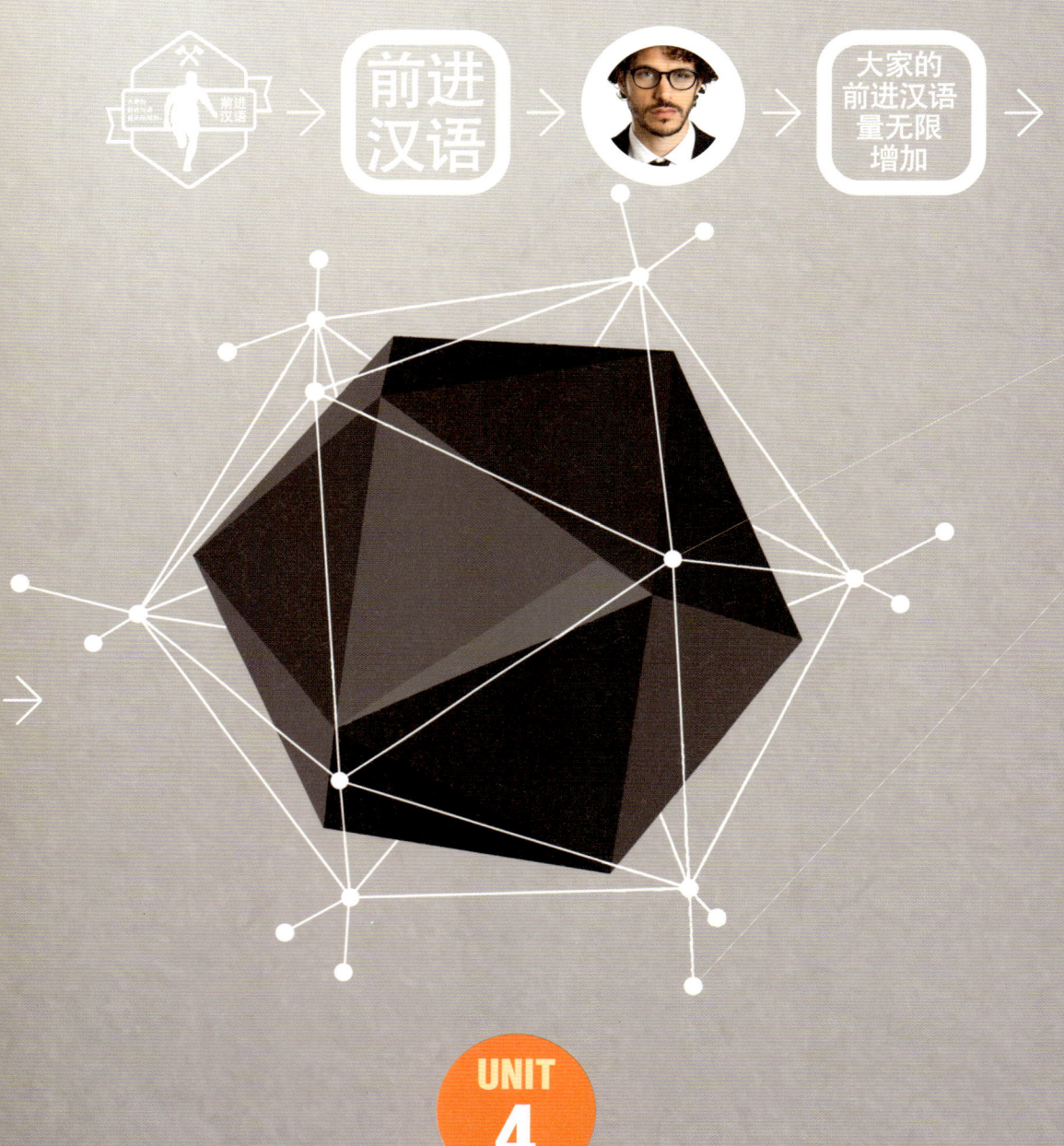

UNIT
4

Practical, Useful and
Easy-To-Understand Lessons!

UNIT 4
중국어 조사 9개로 꼼꼼하고 아기자기 하게 말하는 방법!

UNIT 4의 결정적 특징!

한 글자만 추가해도 문장의 느낌을 완전히 바꿀 수 있습니다. 여러분의 아기자기한 중국어 만들기, 다양한 조사의 도움을 받아보십시오!

'조사'는 여러 가지 부가적인 뜻이나 느낌을 나타내는 문장 성분입니다. 조사는 문장의 맛을 다르게 만드는 조미료입니다.

UNIT 4의 각 과 구성방식!

중국어의 조사에는 '구조조사/동태조사/어기조사' 등이 있습니다.
'구조조사'(构造助词)는 낱말이나 구의 뒤에 쓰여서 말의 관계를 엮어줍니다.
'동태조사'(动态助词)는 동사의 상태를 나타냅니다.
'어기조사'(语气助词)는 문장의 끝에 쓰여서 문장의 느낌을 보충 설명해줍니다.
자! 그러면 본격적으로 시작해보실까요?

UNIT 4's CONTENTS

● 大家的前进汉语量无限增加。

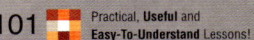 Practical, Useful and
Easy-To-Understand Lessons!

401. 的 ▶ 구조조사 1.

U4-1-0

的

[de]

● 大家的前进汉语量开始无限巨增。　　● 3번 쓰기 연습!

 → 的　的　的

'구조조사' (构造助词)는 낱말이나 구의 뒤에 쓰여서 말의 관계를 엮어줍니다. 구조조사 的 [de] 는 다음에 나오는 명사를 수식할 수 있도록 만듭니다.

①
U4-1-1

这是我的杂志。
[Zhè shì wǒ de zázhì.]
이것은 나의 잡지입니다.

● 这 [zhè] 이것　　● 是 [shì] ~이다　　● 杂志 [zázhì] 잡지

▶ 的 [de] 가 명사(대명사) 다음에 오면 '~의'라는 뜻입니다. (나의 잡지)

②
U4-1-2

我们都希望过幸福的生活。
[Wǒmen dōu xīwàng guò xìngfú de shēnghuó.]
우리 모두는 행복한 생활을 희망합니다.

● 都 [dōu] 모두　　● 希望 [xīwàng] 희망하다　　● 过 [guò] 보내다
● 幸福 [xìngfú] 행복하다　　● 生活 [shēnghuó] 생활

▶ 的 [de] 가 형용사 다음에 오면 '~한/~하는'의 뜻이 됩니다. (행복한 생활)

③
U4-1-3

他是今天来的经理。
[Tā shì jīntiān láide jīnglǐ.]
그는 오늘 온 매니저입니다.

● 他 [tā] 그 (남자)　　● 今天 [jīntiān] 오늘　　● 来 [lái] 오다
● 经理 [jīnglǐ] 매니저

▶ 的 [de] 가 동사 다음에 오면 형용사와 마찬가지로 '~한/~하는'의 뜻입니다. (온 매니저)

402. 地 ▶ 구조조사 2.

U4-2-0

地
[de]

 → 地　地　地

●大家的前进汉语量开始无限巨增。　　● 3번 쓰기 연습!

'구조조사' (**构造助词**)는 낱말이나 구의 뒤에 쓰여서 말의 관계를 엮어줍니다. 구조조사 **地** [de] 는 흔히 형용사 뒤에 쓰여 부사어가 되게 합니다.

---

①

U4-2-1

他常常兴奋地说。
[Tā chángcháng xīngfènde shuō.]
그는 늘 흥분해서 말합니다.

● 常常 [chángcháng] 언제나　● 兴奋 [xīngfèn] 흥분하다　● 说 [shuō] 말하다

▶ 형용사 '흥분하다' **兴奋** [xīngfèn] 의 뒤에 **地** [de] 가 붙으면서 부사 '흥분해서'가 되었습니다. (흥분하다 〉흥분해서)

---

②

U4-2-2

我们都热烈地欢迎你。
[Wǒmen dōu rèliède huānyíng nǐ.]
우리들은 모두 당신을 열렬히 환영합니다.

● 都 [dōu] 모두　● 热烈 [rèliè] 열렬하다　● 欢迎 [huānyíng] 환영하다

▶ '열렬하다'라는 뜻의 형용사 **热烈** [rèliè] 의 뒤에 **地** [de] 가 오면서 술어인 '환영하다'를 꾸며주는 부사어가 되었습니다.

---

③

U4-2-3

我们一定要科学地考察。
[Wǒmen yídìng yào kēxuéde kǎochá.]
우리는 반드시 과학적으로 고찰해야 합니다.

● 一定 [yídìng] 반드시　● 要 [yào] ~해야 한다　● 科学 [kēxué] 과학
● 考察 [kǎochá] 고찰하다

▶ **科学** [kēxué] 는 원래 명사이지만, 여기에서는 형용사적으로 쓰여서 '과학적이다'라는 뜻입니다. 그리고 **地** [de] 가 와서 부사어로서 '과학적으로'가 된 것입니다.

Practical, **Useful** and
Easy-To-Understand Lessons!

403. 得 ▶ 구조조사 3.

得
[de]

● 大家的前进汉语量开始无限巨增。　● 3번 쓰기 연습!

得　得　得

'구조조사' (**构造助词**)는 낱말이나 구의 뒤에 쓰여서 말의 관계를 엮어줍니다. 구조조사 **得** [de] 는 동사술어나 형용사술어 뒤에서 다음에 나오는 정도나 가능의 의미의 보어 (**补语**)에 연결 역할을 합니다. 우리말로는 '정도'를 나타낼 경우에는 부사어처럼 해석하고, '가능'을 나타내는 경우에는 '~할 수 있다'라고 조동사처럼 해석합니다.

 ①
U4-3-1

我吃得快。
[Wǒ chīde kuài.]
나는 빨리 먹습니다.

● 吃 [chī] 먹다　　● 快 [kuài] 빠르다

▶ 吃得快 는 '동사 + 得 [de] + 보어' 구조로 '정도'를 나타내므로 快 [kuài] (빠르다)를 부사어처럼 해석합니다. (빠르다 〉빨리)

 **②**
 U4-3-2

他汉字写得清楚。
[Tā Hànzì xiěde qīngchu.]
그는 한자를 분명하게 씁니다.

● 汉字 [Hànzì] 한자　　● 写 [xiě] 쓰다　　● 清楚 [qīngchu] 분명하다

▶ 写得清楚 라고 하면 清楚 [qīngchu] (분명하다)가 '분명하게'로 됩니다.

 **③**
 U4-3-3

今晚做得完吗?
[Jīnwǎn zuòde wán ma?]
오늘 저녁에 끝낼 수 있나요?

● 今晚 [jīnwǎn] 오늘 저녁　　● 做 [zuò] 하다　　● 完 [wán] 마치다
● ~吗 [ma] ~까

▶ 구조조사 **得** [de] 는 '가능'을 나타낼 수도 있습니다.
그래서 '끝낼 수 있나요?'라고 해석할 수 있습니다.

404. 着 ▶ 동태조사 1.

U4-4-0

着
[zhe]

● 大家的前进汉语量开始无限巨增。　　● 3번 쓰기 연습!

 → 着　着　着

'동태조사' (动态助词)는 동사의 상태를 도와줍니다.
동태조사는 '지속/완료/경험' 등의 3가지 용법이 있습니다.
동태조사는 동사 바로 뒤에 위치합니다.
동태조사 **着** [zhe] 는 '동사의 행위가 지속되고 있음'을 나타냅니다.

①
U4-4-1

我们谈着。

[Wǒmen tánzhe.] 우리들은 이야기하고 있습니다.

● 谈 [tán] 이야기하다

▶ 谈 [tán] (이야기하다) 다음에 동태조사 **着** [zhe] 가 오면서
'이야기하고 있다'로 되었습니다.

②
U4-4-2

门开着。

[Mén kāizhe.] 문이 열려 있습니다.

● 门 [mén] 문　　　　● 开 [kāi] 열다

▶ 开 [kāi] (열다) 다음에 동태조사 **着** [zhe] 가 오면서 '열려 있다'가 되었습
니다. 门开 를 그대로 해석하면 '문이 열다'이지만, 이처럼 동작을 할 수 없
는 사물이 주어가 될 경우 동사는 피동의 의미가 되며, 이런 것을 '의미상 피
동문'이라고 합니다.

③
U4-4-3

他吃着饭。

[Tā chīzhe fàn.] 그는 밥을 먹고 있습니다.

● 吃 [chī] 먹다　　　　● 饭 [fàn] 밥

▶ 吃 [chī] (먹다) 다음에 동태조사 **着** [zhe] 가 오면서 '먹고 있다'가
되었습니다. 우리말에서는 진행이나 지속을 모두 '~하고 있다'라고 하지만,
着 [zhe] 는 어떤 상태가 계속되는 상태를 말합니다.

405. 了 ▶ 동태조사 2.

U4-5-0
了
[le]

● 大家的前进汉语量开始无限巨增。　　● 3번 쓰기 연습!

了　了　了

'동태조사' (动态助词)는 동사의 상태를 도와줍니다. 동태조사는 '지속/완료/경험' 등의 3가지 용법이 있습니다. 동태조사는 동사 바로 뒤에 위치합니다. 동태조사 **了** [le] 는 '동사의 행위가 완료되었음'을 나타냅니다.

①
U4-5-1
他来了。
[Tā láile.] 그가 왔습니다.

● 来 [lái] 오다

▶ 来 [lái] (오다) 다음에 동태조사 **了** [le] 가 오면서 '왔다'가 됩니다. 그런데 우리말에서는 '왔다'가 과거형으로 쓰이지만, 중국어에서는 엄격히 말해서 동사의 과거형이라는 형식이 따로 있지 않으며, 이때의 **了** [le] 는 '완료형'으로서 그러한 동작이 완료되었다는 것을 나타냅니다.

②
U4-5-2
他说了一句话。
[Tā shuōle yíjù huà.]
그는 한마디 말을 하였습니다.

● 说 [shuō] 말하다　　　　● 一句话 [yíjù huà] 한마디 말

▶ 说 [shuō] (말하다) 다음에 동태조사 **了** [le] 가 오면서 '말했다'가 됩니다.

③
U4-5-3
我等了半天。
[Wǒ děngle bàntiān.]
나는 한나절을 기다렸습니다.

● 等 [děng] 기다리다　　　　● 半天 [bàntiān] 한나절

▶ 等 [děng] (기다리다) 다음에 동태조사 **了** [le] 가 오면서 '기다렸다'가 됩니다.

406. 过 ▶ 동태조사 3.

U4-6-0

过
[guo]

● 大家的前进汉语量开始无限巨增。　　● 3번 쓰기 연습!

→ 过 过 过

'동태조사' (动态助词)는 동사의 상태를 도와줍니다. 동태조사는 '지속/완료/경험' 등의 3가지 용법이 있습니다. 동태조사는 동사 바로 뒤에 위치합니다. 동태조사 过 [guo] 는 '동사의 행위가 경험했음'을 나타냅니다. 过 가 동태조사일 때에는 경성 [guo] 로 발음하고, 동사일 경우에는 '보내다/지나가다'의 뜻이며, 제4성 [guò] 로 발음합니다.

①
U4-6-1
我去过北京。
[Wǒ qùguo Běijīng.]
나는 북경에 가본 적이 있습니다.

● 去 [qù] 가다　　● 北京 [Běijīng] 북경

▶ 去 [qù] (가다) 다음에 동태조사 过 [guo] 가 오면서 '가본 적이 있다'가 됩니다.

②
U4-6-2
我看过他。
[Wǒ kànguo tā.]
나는 그를 본 적이 있습니다.

● 看 [kàn] 보다

▶ 看 [kàn] (보다) 다음에 동태조사 过 [guo] 가 오면서 '본 적이 있다'가 됩니다.

③
U4-6-3
我吃过汉堡包。
[Wǒ chīguo hànbǎobāo.]
나는 햄버거를 먹은 적이 있습니다.

● 吃 [chī] 먹다　　● 汉堡包 [hànbǎobāo] 햄버거

▶ 吃 [chī] (먹다) 다음에 동태조사 过 [guo] 가 오면서 '먹은 적이 있다'가 되었습니다.

407. 呢 ▶ 어기조사 1.

U4-7-0

呢
[ne]

● 大家的前进汉语量开始无限巨增。　● 3번 쓰기 연습!

 →  呢 呢 呢

'어기조사' (**语气助词**)는 문장의 끝에 쓰여서 문장의 느낌을 보충 설명해줍니다. 어기조사는 '의문/제안/추측/명령/감탄' 등의 다양한 느낌을 표현합니다. 어기조사 **呢** [ne] 는 문장의 끝에서 '완곡한 느낌의 의문'을 나타냅니다.

 ❶
U4-7-1

这个字怎么写呢?
[Zhège zì zěnme xiě ne?] 이 글자는 어떻게 씁니까?

● 个 [ge] 개 (갯수를 나타내는 양사)　　● 字 [zì] 글자
● 怎么 [zěnme] 어떻게　　　　　　　　● 写 [xiě] 쓰다

▶ 呢 [ne] 는 의문을 나타내는 조사로 吗 [ma] 와 달리 낱말에도 붙일 수 있고, 怎么 [zěnme], 什么 [shénme], 谁 [shéi] 등과 함께 의문사가 있는 문장에서 의문의 뜻을 나타냅니다.

▶ 这个字 는 '이 한 개의 글자'라는 뜻이며, 중국어는 습관적으로 대명사와 명사 사이에 个 [ge] 를 넣어 말합니다. 이것을 중국어에서는 물건을 '헤아리는 품사'라는 뜻으로 '양사' (**量詞**)라고 부릅니다.

 ❷
U4-7-2

我去公园, 你呢?
[Wǒ qù gōngyuán, nǐ ne?] 나는 공원에 가는데, 당신은요?

● 公园 [gōngyuán] 공원

▶ 대명사나 명사 다음에 呢 [ne] 를 붙여서 의향을 묻는 의문을 나타냅니다. 呢 [ne] 는 완곡한 의문의 어감을 나타냅니다.

 ❸
U4-7-3

哪个水果好吃呢?
[Nǎge shuǐguǒ hǎochī ne?] 어느 과일이 맛있을까요?

● 哪 [nǎ] 어느　　● 水果 [shuǐguǒ] 과일　　● 好吃 [hǎochī] 맛있다

408. 吧 ▶ 어기조사 2.

U4-8-0

吧
[ba]

● 大家的前进汉语量开始无限巨增。　　● 3번 쓰기 연습!

→ 吧 吧 吧

'어기조사' (语气助词)는 문장의 끝에 쓰여서 문장의 느낌을 보충 설명해줍니다. 어기조사는 '의문/제안/추측/명령/감탄' 등의 다양한 느낌을 표현합니다. 어기조사 吧 [ba] 는 문장의 끝에서 '제안/추측/명령'을 나타냅니다.

U4-8-1

我们一起走吧。
[Wǒmen yìqǐ zǒu ba.]
우리 함께 갑시다.

● 一起 [yìqǐ] 함께　　　● 走 [zǒu] 가다

▶ 어기조사 吧 [ba] 는 문장의 끝에서 '~하자'는 뜻으로 제안을 나타냅니다.

U4-8-2

这是你的吧?
[Zhè shì nǐde ba?]
이것이 너의 것이지?

● 是 [shì] ~이다　　　● 你的 [nǐde] 너의 것

▶ 어기조사 吧 [ba] 는 문장의 끝에서 '추측'을 나타내기도 합니다.

U4-8-3

这样做吧。
[Zhèyàng zuò ba.]
이렇게 하시죠.

● 这样 [zhèyàng] 이러하다　　● 做 [zuò] 하다

▶ 어기조사 吧 [ba] 는 문장의 끝에서 '제안' 또는 '명령'을 나타내기도 합니다.

Practical, Useful and
Easy-To-Understand Lessons!

409. 啊 ▶ 어기조사 3.

U4-9-0

啊
[a]

● 大家的前进汉语量开始无限巨增。　● 3번 쓰기 연습!

啊　啊　啊

'어기조사' (语气助词)는 문장의 끝에 쓰여서 문장의 느낌을 보충 설명해줍니다. 어기조사는 '의문/제안/추측/명령/감탄' 등의 다양한 느낌을 표현합니다. 어기조사 啊 [a] 는 문장의 끝에서 '감탄/긍정/권고/재촉' 등을 나타냅니다.

 ①
U4-9-1

真漂亮啊!
[Zhēn piàoliang a!]
정말 예쁘네요!

● 真 [zhēn] 정말　　　● 漂亮 [piàoliang] 예쁘다

▶ 어기조사 啊 [a] 는 문장의 끝에서 '감탄'의 의미를 나타냅니다.

 ②
U4-9-2

一定要小心啊!
[Yídìng yào xiǎoxīn a!]
반드시 조심해야 해!

● 一定 [yídìng] 반드시　　● 要 [yào] ~해야 한다
● 小心 [xiǎoxīn] 조심하다

▶ 어기조사 啊 [a] 는 문장의 끝에서 '권고'의 뜻을 나타냅니다.

 ③
U4-9-3

快走啊!
[Kuài zǒu a!]
빨리 갑시다!

● 快 [kuài] 빠르다　　　● 走 [zǒu] 가다

▶ 어기조사 啊 [a] 는 문장의 끝에서 '재촉'을 표현하기도 합니다.

GO STRAIGHT
CHINESE
前进汉语
大家的
前进汉语
量无限增加

我去过北京。

Practical, **Useful** and
Easy-To-Understand Lessons!

GO STRAIGHT
CHINESE
前进汉语
大家的
前进汉语
量无限增加

* 이번 Unit 의 모든 단어를 정리했습니다.

UNIT 4 단어정리
중국어 조사 9개로
꼼꼼하고 아기자기하게
말하는 방법!

 401. 的　▶ 구조조사 1.

■ 这	[zhè]	이것
■ 是	[shì]	~이다
■ 杂志	[zázhì]	잡지
■ 都	[dōu]	모두
■ 希望	[xīwàng]	희망하다
■ 过	[guò]	보내다
■ 幸福	[xìngfú]	행복하다
■ 生活	[shēnghuó]	생활
■ 他	[tā]	그 (남자)
■ 今天	[jīntiān]	오늘
■ 来	[lái]	오다
■ 经理	[jīnglǐ]	매니저

 402. 地　▶ 구조조사 2.

■ 常常	[chángcháng]	언제나
■ 兴奋	[xīngfèn]	흥분하다
■ 说	[shuō]	말하다
■ 都	[dōu]	모두
■ 热烈	[rèliè]	열렬하다
■ 欢迎	[huānyíng]	환영하다
■ 一定	[yídìng]	반드시
■ 要	[yào]	~해야 한다
■ 科学	[kēxué]	과학
■ 考察	[kǎochá]	고찰하다

 403. 得　▶ 구조조사 3.

■ 吃	[chī]	먹다
■ 快	[kuài]	빠르다
■ 汉字	[Hànzì]	한자
■ 写	[xiě]	쓰다
■ 清楚	[qīngchu]	분명하다
■ 今晚	[jīnwǎn]	오늘 저녁
■ 做	[zuò]	하다
■ 完	[wán]	마치다
■ 吗	[ma]	~까

 404. 着　▶ 동태조사 1.

■ 谈	[tán]	이야기하다

门	[mén]	문
开	[kāi]	열다
吃	[chī]	먹다
饭	[fàn]	밥

字	[zì]	글자
怎么	[zěnme]	어떻게
写	[xiě]	쓰다
公园	[gōngyuán]	공원
哪	[nǎ]	어느
水果	[shuǐguǒ]	과일
好吃	[hǎochī]	맛있다

405. 了 ▶ 동태조사 2.

来	[lái]	오다
说	[shuō]	말하다
一句话	[yíjù huà]	한마디 말
等	[děng]	기다리다
半天	[bàntiān]	한나절

408. 吧 ▶ 어기조사 2.

一起	[yìqǐ]	함께
走	[zǒu]	가다
是	[shì]	~이다
你的	[nǐde]	너의 것
这样	[zhèyàng]	이러하다
做	[zuò]	하다

406. 过 ▶ 동태조사 3.

去	[qù]	가다
北京	[Běijīng]	북경
看	[kàn]	보다
吃	[chī]	먹다
汉堡包	[hànbǎobāo]	햄버거

409. 啊 ▶ 어기조사 3.

真	[zhēn]	정말
漂亮	[piàoliang]	예쁘다
一定	[yídìng]	반드시
要	[yào]	~해야 한다
小心	[xiǎoxīn]	조심하다
快	[kuài]	빠르다
走	[zǒu]	가다

407. 呢 ▶ 어기조사 1.

| 个 | [ge] | 개 (양사) |

Practical, **Useful** and
Easy-To-Understand Lessons!

前进
汉语

大家的
前进汉语
量无限
增加

UNIT
5

Practical, **Useful** and
Easy-To-Understand Lessons!

UNIT 5
중국어 조사 베스트 10개로 결정적 문장 만드는 방법!

UNIT 5의 결정적 특징!

꼭 알아야 할 10가지 중국어 조사들!
너무 간단한, 그러면서도 정말 요긴한
중국어 조사 베스트 10입니다.

우리가 익히 알고 있는 영어의 전치사
in / to / from / for 등과 같습니다.
문장의 의미에 결정적인 역할을 하는
중국어 조사들.
지금 바로 만나보겠습니다.

UNIT 5's CONTENTS

◆ 大家的前进汉语量无限增加。

Practical, **Useful** and **Easy-To-Understand** Lessons!

501. 在 ▶ 전치사 1.

U5-1-0

在
[zài] ~에

● 大家的前进汉语量开始无限巨增。 ● 3번 쓰기 연습!

在 在 在

전치사 **在 [zài]** (~에)는 영어의 전치사처럼 수식하는 말의 앞에 놓여서 전치사구가 됩니다. **在 [zài]** (~에)는 문장에서 부사어의 역할을 하므로 술어의 앞에 위치하며, 때로는 동사술어 다음에 놓여 보어로서 시간이나 지점 등을 나타내기도 합니다.

- 贸易公司 [màoyì gōngsī] 무역회사
- 工作 [gōngzuò] 일하다
- 礼堂 [lǐtáng] 강당
- 开会 [kāihuì] 회의하다
- 咖啡厅 [kāfēitīng] 커피숍
- 喝 [hē] 마시다
- 红茶 [hóngchá] 홍차
- 生 [shēng] 태어나다
- 年 [nián] 년

①
U5-1-1

他在贸易公司工作。
[Tā zài màoyì gōngsī gōngzuò.]
그는 무역회사에서 일합니다.

②
U5-1-2

在礼堂开会。
[Zài lǐtáng kāihuì.]
강당에서 회의합니다.

③
U5-1-3

我在咖啡厅喝红茶。
[Wǒ zài kāfēitīng hē hóngchá.]
나는 커피숍에서 홍차를 마십니다.

④
U5-1-4

我生在1980年。
[Wǒ shēng zài yī jiǔ bā líng nián.]
나는 1980년에 태어났습니다.

502. 从~ 到~ ▶ 전치사 2.

U5-2-0

从~ 到~
[cóng~ dào~]
~부터 ~까지

● 大家的前进汉语量开始无限巨增。　　● 3번 쓰기 연습!

→ 从到　从到　从到

전치사 **从~ 到~** [cóng~ dào~] 는 '~부터 ~까지'입니다.

- 从~ 到~ [cóng~ dào~] ~부터 ~까지
- 明天 [míngtiān] 내일
- 每天 [měitiān] 매일
- 工作 [gōngzuò] 일하다
- 南京 [Nánjīng] 남경
- 长 [cháng] 길다
- 这儿 [zhèr] 여기
- 早 [zǎo] 아침
- 北京 [Běijīng] 북경
- 要 [yào] 필요하다
- 时间 [shíjiān] 시간
- 今天 [jīntiān] 오늘
- 走路 [zǒu lù] 길을 걷다
- 晚 [wǎn] 저녁
- 多 [duō] 얼마나 (의문부사)

①
U5-2-1

从今天到明天。
[Cóng jīntiān dào míngtiān.]
오늘부터 내일까지입니다.

②
U5-2-2

从这儿走路。
[Cóng zhèr zǒu lù.]
여기에서부터 걸어갑니다.

③
U5-2-3

每天从早到晚工作。
[Měitiān cóng zǎo dào wǎn gōngzuò.]
매일 아침부터 저녁까지 일합니다.

④
U5-2-4

从北京到南京要多长时间?
[Cóng Běijīng dào Nánjīng yào duō cháng shíjiān?]
북경에서 남경까지 얼마나 긴 시간이 걸립니까?

503. 对 ▶ 전치사 3.

对
[duì]
~에게/향하여

● 大家的前进汉语量开始无限巨增。　● 3번 쓰기 연습!

 → 对　对　对

전치사 **对** [duì] (~에게/~향하여)는 동작이 향하는 대상을 이끌어내어, 명사의 앞에 놓여서 전치사구가 되며, 문장에서 술어 앞에 놓여 부사어 역할을 합니다.

● 对 [duì] ~에게　● 朋友 [péngyou] 친구　● 说 [shuō] 말하다
● 笑 [xiào] 웃다　● 了 [le] 동사 다음에 붙어서 '~하였다'는 어감을 나타내는 조사
● 热情 [rèqíng] 친절하다

①
U5-3-1
对谁说?
[Duì shéi shuō?]
누구에게 말합니까?

②
U5-3-2
对朋友说。
[Duì péngyou shuō.]
친구에게 말합니다.

③
U5-3-3
他对我笑了。
[Tā duì wǒ xiào le.]
그가 나에게 웃었습니다.

④
U5-3-4
她对我很热情。
[Tā duì wǒ hěn rèqíng.]
그녀는 나에게 친절합니다.

504. 为 ▶ 전치사 4.

U5-4-0
为
[wèi] ~때문에
/~위하여

● 大家的前进汉语量开始无限巨增。　● 3번 쓰기 연습!

为　为　为

전치사 为 [wèi] 는 '~때문에/~위하여'의 뜻입니다.
위치는 명사의 앞에 놓여서 전치사구가 되며,
문장에서 술어 앞에 놓여 부사어 역할을 합니다.

● 学习 [xuéxí] 공부하다　● 高兴 [gāoxìng] 기쁘다　● 市民 [shìmín] 시민
● 服务 [fúwù] 봉사하다　● 这么 [zhème] 이렇게　● 冷 [lěng] 춥다

①
U5-4-1
为什么学习?
[Wèishénme xuéxí?]
무엇 때문에 공부합니까?

②
U5-4-2
我为你高兴。
[Wǒ wèi nǐ gāoxìng.]
나는 당신 때문에 기쁩니다.

③
U5-4-3
为市民服务。
[Wèi shìmín fúwù.]
시민을 위해 봉사합니다.

④
U5-4-4
为什么这么冷?
[Wèishénme zhème lěng?]
무엇 때문에 이렇게 춥습니까?

Practical, Useful and
Easy-To-Understand Lessons!

505. 跟 ▶ 전치사 5.

U5-5-0

跟
[gēn] ~와

● 大家的前进汉语语量开始无限巨增。　　● 3번 쓰기 연습!

  → 跟　跟　跟

전치사 **跟 [gēn]** 은 '~와'입니다. 위치는 명사의 앞에 놓여서 전치사구가 되며, 문장에서 술어 앞에 놓여 부사어 역할을 합니다.

- 跟 [gēn] ~와
- 一起 [yìqǐ] ~함께
- 见面 [jiànmiàn] 만나다
- 商量 [shāngliang] 의논하다
- 去 [qù] 가다
- 跟~ 一起 [gēn ~ yìqǐ] ~와 함께
- 事 [shì] 일
- 爸爸 [bàba] 아빠
- 弟弟 [dìdi] 동생

❶ U5-5-1
跟谁去?
[Gēn shéi qù?]
누구와 갑니까?

❷ U5-5-2
跟爸爸一起去。
[Gēn bàba yìqǐ qù.]
아빠와 함께 갑니다.

❸ U5-5-3
我跟他见面。
[Wǒ gēn tā jiànmiàn.]
나는 그와 만납니다.

❹ U5-5-4
有事跟弟弟商量。
[Yǒu shì gēn dìdi shāngliang.]
일이 있으면 동생과 상의합니다.

506. 给 ▶ 전치사 6.

U5-6-0

给

[gěi] ~에게

● 大家的前进汉语量开始无限巨增。　● 3번 쓰기 연습!

给 给 给

전치사 给 [gěi] 는 '~에게'의 뜻으로 '~해주다'라는 의미를 포함합니다.
위치는 명사의 앞에 놓여서 전치사구가 되며, 문장에서 술어 앞에 놓여
부사어 역할을 합니다.

- 有 [yǒu] 가지다
- 打电话 [dǎ diànhuà] 전화하다
- 病人 [bìngrén] 환자
- 帮忙 [bāngmáng] 돕다
- 空儿 [kòngr] 여유
- 治病 [zhìbìng] 치료하다
- 买 [mǎi] 사다
- 给 [gěi] ~에게 (~해주다)
- 医生 [yīshēng] 의사
- 这个 [zhège] 이것

①
U5-6-1

有空儿给我打电话。
[Yǒu kòngr gěi wǒ dǎ diànhuà.]
시간 있으면 나에게 전화해주세요.

②
U5-6-2

医生给病人治病。
[Yīshēng gěi bìngrén zhìbìng.]
의사는 환자에게 치료해줍니다.

③
U5-6-3

给我帮忙。
[Gěi wǒ bāngmáng.]
나에게 도와주세요.

④
U5-6-4

给我买这个。
[Gěi wǒ mǎi zhège.]
나에게 이것을 사주세요.

Practical, Useful and
Easy-To-Understand Lessons!

507. 按照 ▶ 전치사 7.

U5-7-0

按照
[ànzhào]
~에 의하여/
~에 따라

● 大家的前进汉语量开始无限巨增。　● 3번 쓰기 연습!

 → 按照　按照　按照

전치사 **按照 [ànzhào]** (~에 의하여/~에 따라)는 원칙적으로 위치는 명사의 앞에 놓여서 전치사구가 되며, 문장에서 술어 앞에 놓여 부사어 역할을 해야 하지만, 흔히 문장에 맨 앞에 두어 강조의 의미를 나타냅니다.

● 按照 [ànzhào] ~에 의하여/~에 따라　　● 老师 [lǎoshī] 선생님
● 话 [huà] 말　　● 明天 [míngtiān] 내일　　● 下雨 [xiàyǔ] 비가 내리다
● 计划 [jìhuà] 계획　　● 研究 [yánjiū] 연구하다　　● 规定 [guīdìng] 규정
● 执行 [zhíxíng] 집행하다　　● 政策 [zhèngcè] 정책
● 办事 [bànshì] 처리하다

 ❶
U5-7-1
按照老师的话，明天下雨。
[Ànzhào lǎoshī de huà, míngtiān xiàyǔ.]
선생님 말씀에 의하면, 내일 비가 옵니다.

 ❷
U5-7-2
按照计划研究。
[Ànzhào jìhuà yánjiū.]
계획에 따라서 연구합니다.

 ❸
U5-7-3
按照规定执行。
[Ànzhào guīdìng zhíxíng.]
규정에 의거하여 집행합니다.

 ❹
U5-7-4
按照政策办事。
[Ànzhào zhèngcè bànshì.]
정책에 따라서 처리합니다.

Practical, **Useful** and
Easy-To-Understand Lessons!

508. 向 ▶ 전치사 8.

U5-8-0
向
[xiàng]
~향하여

● 大家的前进汉语量开始无限巨增。　● 3번 쓰기 연습!

向　向　向

전치사 **向** [xiàng] 은 '~향하여'라는 뜻이며,
위치는 명사의 앞에 놓여서 전치사구가 되고,
문장에서 술어 앞에 놓여 부사어 역할을 합니다.

- 向 [xiàng] ~를 향하여
- 走 [zǒu] 가다
- 方向 [fāngxiàng] 방향
- 转 [zhuǎn] 회전하다
- 前面 [qiánmiàn] 앞쪽
- 前 [qián] 앞
- 开车 [kāichē] 운전하다
- 一直 [yìzhí] 곧장
- 吧 [ba] ~하세요
- 右 [yòu] 오른쪽

U5-8-1

向前面一直走。
[Xiàng qiánmiàn yìzhí zǒu.]
앞쪽으로 곧장 가세요.

U5-8-2

向前看吧。
[Xiàng qián kàn ba.]
앞을 향해 보세요.

U5-8-3

向这方向开车。
[Xiàng zhè fāngxiàng kāichē.]
이쪽 방향으로 운전합니다.

U5-8-4

向右转。
[Xiàng yòu zhuǎn.]
오른쪽으로 돕니다.

509. 往 ▶ 전치사 9.

往
[wǎng]
~향하여

● 大家的前进汉语量开始无限巨增。　● 3번 쓰기 연습!

 → 往 往 往

전치사 **往** [wǎng] 은 '~향하여'라는 뜻으로 **向** [xiàng] 으로 바꿔 써도 됩니다. 명사의 앞에 놓여서 전치사구가 되며, 문장에서 술어 앞에 놓여 부사어 역할을 합니다. 때로는 동사술어 다음에 놓여 보어로서 동작의 방향을 나타내기도 합니다.

- 司机 [sījī] 운전기사
- 拐 [guǎi] 방향을 바꾸다
- 飞机 [fēijī] 비행기
- 火车 [huǒchē] 기차
- 往 [wǎng] ~향하여
- 前 [qián] 앞
- 西边 [xībiān] 서쪽
- 开 [kāi] 운전하다
- 右 [yòu] 오른쪽
- 走 [zǒu] 가다
- 飞 [fēi] 날다
- 广州 [Guǎngzhōu] 광주

 ①
U5-9-1
司机, 往右拐。
[Sījī, wǎng yòu guǎi.]
기사님, 오른쪽으로 도세요.

 ②
U5-9-2
往前走。
[Wǎng qián zǒu.]
앞으로 갑니다.

 ③
U5-9-3
飞机往西边飞。
[Fēijī wǎng xībiān fēi.]
비행기는 서쪽으로 납니다.

 ④
U5-9-4
这火车开往广州。
[Zhè huǒchē kāiwǎng Guǎngzhōu.]
이 기차는 광주로 갑니다.

510. 替 ▶ 전치사 10.

U5-10-0

替
[tì] ~대신에

- 大家的前进汉语量开始无限巨增。
- 3번 쓰기 연습!

替　替　替

전치사 **替 [tì]** 는 '~대신에'라는 뜻으로 명사의 앞에 놓여서 전치사구가 되며, 문장에서 술어 앞에 놓여 부사어 역할을 합니다.

- 替 [tì] ~대신에
- 做菜 [zuòcài] 요리하다
- 衣服 [yīfu] 옷
- 问好 [wènhǎo] 안부를 묻다
- 爸爸 [bàba] 아빠
- 办理 [bànlǐ] 처리하다
- 妈妈 [māma] 엄마
- 洗 [xǐ] 세탁하다

 ❶ U5-10-1
替我问好。
[Tì wǒ wènhǎo.]
나 대신에 안부 좀 물어주세요.

 ❷ U5-10-2
替妈妈做菜。
[Tì māma zuòcài.]
엄마를 대신해서 요리를 합니다.

 ❸ U5-10-3
替爸爸洗衣服。
[Tì bàba xǐ yīfu.]
아빠를 대신해서 옷을 세탁합니다.

 ❹ U5-10-4
我替他办理。
[Wǒ tì tā bànlǐ.]
나는 그를 대신해서 일을 처리합니다.

Practical, **Useful** and **Easy-To-Understand** Lessons!

* 이번 Unit 의 모든 단어를 정리했습니다.

从~ 到~	[cóng~ dào~]	~부터 ~까지
今天	[jīntiān]	오늘
明天	[míngtiān]	내일
这儿	[zhèr]	여기
走路	[zǒu lù]	길을 걷다
每天	[měitiān]	매일
早	[zǎo]	아침
晚	[wǎn]	저녁
工作	[gōngzuò]	일하다
北京	[Běijīng]	북경
南京	[Nánjīng]	남경
要	[yào]	필요하다
多	[duō]	얼마나 (의문부사)
长	[cháng]	길다
时间	[shíjiān]	시간

UNIT 5 단어정리
중국어 조사 베스트
10개로 결정적 문장
만드는 방법!

 ## 501. 在 ▶ 전치사 1.

贸易公司	[màoyì gōngsī]	무역회사
工作	[gōngzuò]	일하다
礼堂	[lǐtáng]	강당
开会	[kāihuì]	회의하다
咖啡厅	[kāfēitīng]	커피숍
喝	[hē]	마시다
红茶	[hóngchá]	홍차
生	[shēng]	태어나다
年	[nián]	년

 ## 503. 对 ▶ 전치사 3.

对	[duì]	~에게
朋友	[péngyou]	친구
说	[shuō]	말하다
笑	[xiào]	웃다
了	[le]	~하였다 (조사)
热情	[rèqíng]	친절하다

 ## 504. 为 ▶ 전치사 4.

502. 从~ 到~ ▶ 전치사 2.

■ 学习 [xuéxí] 공부하다
■ 高兴 [gāoxìng] 기쁘다
■ 市民 [shìmín] 시민
■ 服务 [fúwù] 봉사하다
■ 这么 [zhème] 이렇게
■ 冷 [lěng] 춥다

■ 治病 [zhìbìng] 치료하다
■ 帮忙 [bāngmáng] 돕다
■ 买 [mǎi] 사다
■ 这个 [zhège] 이것

505. 跟 ▶ 전치사 5.

■ 跟 [gēn] ~와
■ 去 [qù] 가다
■ 爸爸 [bàba] 아빠
■ 一起 [yìqǐ] ~함께
■ 跟~一起 [gēn ~ yìqǐ] ~와 함께
■ 见面 [jiànmiàn] 만나다
■ 事 [shì] 일
■ 弟弟 [dìdi] 동생
■ 商量 [shāngliang] 의논하다

507. 按照 ▶ 전치사 7.

■ 按照 [ànzhào] ~에 의하여/따라
■ 老师 [lǎoshī] 선생님
■ 话 [huà] 말
■ 明天 [míngtiān] 내일
■ 下雨 [xiàyǔ] 비가 내리다
■ 计划 [jìhuà] 계획
■ 研究 [yánjiū] 연구하다
■ 规定 [guīdìng] 규정
■ 执行 [zhíxíng] 집행하다
■ 政策 [zhèngcè] 정책
■ 办事 [bànshì] 처리하다

506. 给 ▶ 전치사 6.

■ 有 [yǒu] 가지다
■ 空儿 [kòngr] 여유
■ 给 [gěi] ~에게 (~해주다)
■ 打电话 [dǎ diànhuà] 전화하다
■ 医生 [yīshēng] 의사
■ 病人 [bìngrén] 환자

508. 向 ▶ 전치사 8.

■ 向 [xiàng] ~를 향하여
■ 前面 [qiánmiàn] 앞쪽
■ 一直 [yìzhí] 곧장
■ 走 [zǒu] 가다
■ 前 [qián] 앞

吧	[ba]	~하세요	问好	[wènhǎo]	안부를 묻다
方向	[fāngxiàng]	방향	妈妈	[māma]	엄마
开车	[kāichē]	운전하다	做菜	[zuòcài]	요리하다
右	[yòu]	오른쪽	爸爸	[bàba]	아빠
转	[zhuǎn]	회전하다	洗	[xǐ]	세탁하다
			衣服	[yīfu]	옷
			办理	[bànlǐ]	처리하다

 509. 往　▶ 전치사 9.

司机	[sījī]	운전기사
往	[wǎng]	~향하여
右	[yòu]	오른쪽
拐	[guǎi]	방향을 바꾸다
前	[qián]	앞
走	[zǒu]	가다
飞机	[fēijī]	비행기
西边	[xībiān]	서쪽
飞	[fēi]	날다
火车	[huǒchē]	기차
开	[kāi]	운전하다
广州	[Guǎngzhōu]	광주

 510. 替　▶ 전치사 10.

| 替 | [tì] | ~대신에 |

GO STRAIGHT CHINESE

前进汉语

大家的
前进汉语

从北京到南京要多长时间？

前进汉语 大家的前进汉语量无限增加。

前进
汉语

大家的
前进汉语
量无限
增加

UNIT 6

Practical, **Useful** and
Easy-To-Understand Lessons!

 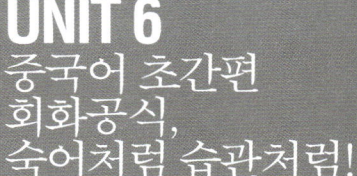

UNIT 6
중국어 초간편
회화공식,
숙어처럼 습관처럼!

UNIT 6의 결정적 특징 !

'뭐뭐' 부분만 바꿔 쓰면
무한 중국어가 가능해집니다.

알아 두면 정말 유용한
제대로 알찬 표현들을 소개합니다.

UNIT 6's CONTENTS

 大家的前进汉语量无限增加。

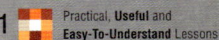 Practical, Useful and
Easy-To-Understand Lessons!

601. 뭐뭐가 좋습니까?

U6-1-0

好吗?
[Hǎo ma?]
좋습니까?

● 大家的前进汉语量开始无限巨增。　　● 3번 쓰기 연습!

 → 好吗　好吗　好吗

자! 첫 번째는 안부를 묻는 표현입니다.
你好吗? [Nǐ hǎo ma?] (안녕하세요?), 중국어의 국가대표급 인사말입니다. 你好吗? 는 '너 + 좋다 + 까?(당신 좋으십니까/잘 지내십니까?)라는 뜻입니다. 이때 ~**好吗?** [~hǎo ma?] 는 '~(뭐뭐)가 좋습니까?'의 의미로 여러 가지로 활용이 가능한 만능표현입니다.

▶ '~(뭐뭐)' 자리에 하고 싶은 말을 넣으면 곧바로 인사표현이 됩니다.

● 天气 [tiānqì] 날씨　　　　● 身体 [shēntǐ] 몸
● 工作 [gōngzuò] 일　　　　● 做生意 [zuò shēngyì] 장사하다

❶ U6-1-1
天气好吗?
[Tiānqì hǎo ma?]
날씨가 좋습니까?

❷ U6-1-2
身体好吗?
[Shēntǐ hǎo ma?]
건강(몸)이 좋습니까?

❸ U6-1-3
工作好吗?
[Gōngzuò hǎo ma?]
일이 잘 됩니까?

❹ U6-1-4
做生意好吗?
[Zuò shēngyì hǎo ma?]
장사하는 것이 잘 됩니까?

602. 뭐뭐를 기원합니다!

U6-2-0

祝你~!
[Zhù nǐ ~!]
~를 기원합니다!

● 大家的前进汉语量开始无限巨增。　　　● 3번 쓰기 연습!

→ 祝你 祝你 祝你

자! 이번에는 기원의 인사입니다.
祝你健康！[Zhù nǐ jiànkāng!] (건강을 기원합니다!)에서 **祝你~ [zhù nǐ]** 는 '당신이 ~하기를 기원한다'는 뜻입니다. '**祝你**+건강'의 구조입니다. **你** 를 생략하고 '**祝**+뭐뭐'라고 할 수도 있습니다.

▶ '~(뭐뭐)' 자리에 기원할 것을 넣으면 곧바로 기원의 표현이 됩니다.

- 平安 [píng'ān] 평안하다
- 福 [fú] 복
- 成功 [chénggōng] 성공하다
- 寿 [shòu] 장수하다

①
U6-2-1
祝你健康！
[Zhù nǐ jiànkāng!]
건강을 기원합니다!

②
U6-2-2
祝你平安！
[Zhù nǐ píng'ān!]
평안하기를 빕니다!

③
U6-2-3
祝你成功！
[Zhù nǐ chénggōng!]
성공하기를 빕니다!

④
U6-2-4
祝福。/ 祝寿。
[Zhù fú. / Zhù shòu.]
복을 기원합니다. / 장수를 기원합니다.

Practical, **Useful** and
Easy-To-Understand Lessons!

603. 뭐뭐를 축하합니다.

U6-3-0

恭喜~。
[Gōngxǐ ~.]
~를 축하합니다.

● 大家的前进汉语量开始无限巨增。　● 3번 쓰기 연습!

 → 恭喜　恭喜　恭喜

자! 이번에는 축하할 때 사용하는 표현을 만나보겠습니다.
恭喜~ [gōngxǐ~] 는 '~를 축하합니다'입니다. 恭喜 는 '공손히 기뻐한다'는
뜻인데, '내가 누구의 무엇인가에 대하여 축하한다.'는 표현으로 자주 씁니
다. 그래서 '恭喜 [gōngxǐ] + 뭐뭐'라고만 하면 축하를 할 수 있습니다.
또 恭喜发财! [Gōngxǐ fācái!] 와 같이 '돈 많이 버세요!'라고 할 때에는
'기원'의 의미도 있습니다.

▶ '~(뭐뭐)' 자리에 원하는 것만 넣으면 곧바로 축하한다는 뜻이 됩니다.

● 发财 [fācái] 돈 벌다　　　　　● 高升 [gāoshēng] 승진하다
● 结婚 [jiéhūn] 결혼하다　　　　● 开业 [kāiyè] 개업하다
● 新得 [xīn dé] 새로 얻다　　　　● 贵子 [guìzǐ] 귀한 자제

 1
U6-3-1
恭喜高升。
[Gōngxǐ gāoshēng.]
승진을 축하합니다.

 2
U6-3-2
恭喜你结婚。
[Gōngxǐ nǐ jiéhūn.]
당신의 결혼을 축하합니다.

 3
U6-3-3
恭喜你开业。
[Gōngxǐ nǐ kāiyè.]
당신의 개업을 축하합니다.

 4
U6-3-4
恭喜你新得贵子。
[Gōngxǐ nǐ xīn dé guìzǐ.]
당신이 새로이 귀한 아들을 보신 것을 축하합니다.

604. 뭐뭐 하세요.

U6-4-0

请~。
[Qǐng ~.]
~하세요.

● 大家的前进汉语量开始无限巨增。   ● 3번 쓰기 연습!

 请　请　请

자! 이번에는 청하거나 부탁할 때 사용하는 표현을 만나보겠습니다.
请吃。 [Qǐng chī.] (식사 하세요.), '내가 누구에게 무엇을 부탁하다'는
'나 (**我**) + **请** [qǐng] + 대상 (**你**) + 동사.' 의 순으로 말하지만 줄여서
'**请** [qǐng] + 뭐뭐(동사)'라고만 해도 됩니다.

▶ '~(뭐뭐)' 자리에 원하는 것만 넣으면 곧바로 요청할 수 있습니다.

● **进** [jìn] 들어오다   ● **教** [jiào] 가르치다 (단독으로 쓰일 때에는 1성으로 읽음)
● **坐** [zuò] 앉다

U6-4-1
请吃。
[Qǐng chī.]
식사하세요.

U6-4-2
请进。
[Qǐng jìn.]
들어오세요.

U6-4-3
请教。
[Qǐng jiào.]
가르쳐 주세요.

U6-4-4
请坐。
[Qǐng zuò.]
앉으세요.

605. 뭐뭐를 주세요.

U6-5-0

请~。
[Qǐng ~.]
~주세요.

● 大家的前进汉语量开始无限巨增。　● 3번 쓰기 연습!

 → 请　请　请

자! 이번에는 요구할 때 사용하는 표현을 만나보겠습니다.
'请 [qǐng] + 뭐뭐' 구조에서 '뭐뭐' 자리에 동사 대신에 명사(사물)를
사용하면 '뭐뭐를 주세요.'라는 뜻이 됩니다.

▶ '~(뭐뭐)' 자리에 원하는 명사만 넣으면 곧바로 요구할 수 있습니다.

● 假 [jià] 휴가　　　　　　● 客 [kè] 손님
● 命 [mìng] 명령　　　　　● 罪 [zuì] 죄

1
U6-5-1

请假。
[Qǐng jià.]
휴가를 주세요.

2
U6-5-2

请客。
[Qǐng kè.]
손님을 청합니다. (대접하다.)

3
U6-5-3

请命。
[Qǐng mìng.]
명령을 청합니다.

4
U6-5-4

请罪。
[Qǐng zuì.]
죄를 청합니다. (용서를 빌다.)

Practical, Useful and
Easy-To-Understand Lessons!

606. 뭐뭐를 원합니다.

U6-6-0

要~。
[Yào ~.]
~를 원합니다.

● 大家的前进汉语量开始无限巨增。　　　　● 3번 쓰기 연습!

→ 要　要　要

자! 이번에는 원하는 것에 대해 말해보겠습니다.
要 [yào] 는 '원하다/필요하다'는 의미의 동사입니다.
그래서 '要 + 뭐뭐'라고 하면 '뭐뭐를 원하다'가 됩니다.
이때 '뭐뭐'는 명사 또는 명사구여야 합니다.

▶ '~(뭐뭐)' 자리에 원하는 것을 넣으면 모든 것을 가질 수 있습니다.

● 咖啡 [kāfēi] 커피　　　　　　　　● 红 [hóng] 붉다
● 的 [de] ~인 것 (단어의 다음에 붙여 써서 '~인 것'처럼 명사형을 만듦)
● 工作 [gōngzuò] 일/일자리

1
U6-6-1

要你。
[Yào nǐ.]
너를 원해.

2
U6-6-2

要咖啡。
[Yào kāfēi.]
커피를 원합니다.

3
U6-6-3

要红的。
[Yào hóngde.]
붉은 것을 원합니다.

4
U6-6-4

要工作。
[Yào gōngzuò.]
일자리를 원합니다.

607. 뭐뭐 하지 마세요.

U6-7-0

不要~。
[Búyào ~.]
~하지 마세요.

● 大家的前进汉语量开始无限巨增。　● 3번 쓰기 연습!

 → 不要　不要　不要

자! 이번에는 각종 금지표현에 대해 알아보겠습니다.
'**不要** [búyào] + 뭐뭐'라고 하면 금지를 표현할 수 있습니다.
'**不要** + 동사'의 형식이면 '~하지 마세요'가 되며,
'**不要** + 명사'는 '뭐뭐를 원하지 않다'라는 뜻이 됩니다.

▶ '~(뭐뭐)' 자리에 말리거나 금지할 것을 넣으면 말이 됩니다.

● 说 [shuō] 말하다　　　● 走 [zǒu] 떠나다/가다
● 动 [dòng] 움직이다　　● 放弃 [fàngqì] 포기하다

① U6-7-1

不要说。
[Búyào shuō.]
말하지 마세요.

② U6-7-2

不要走。
[Búyào zǒu.]
가지 마세요.

③ U6-7-3

不要动。
[Búyào dòng.]
움직이지 마세요.

④ U6-7-4

不要放弃。
[Búyào fàngqì.]
포기하지 마세요.

608. 뭐뭐 할 필요 없어요.

U6-8-0

不用~。
[Búyòng ~.]
~할 필요 없어요.

● 大家的前进汉语量开始无限巨增。　　　● 3번 쓰기 연습!

→ 不用　不用　不用

자! 이번에는 가볍게 금지하는 표현에 대해 알아보겠습니다.
'**不用** [búyòng] + 뭐뭐'라고 하면 가벼운 금지를 표현할 수 있습니다.
'**不用** + 동사'의 형식이면 '~할 필요가 없어요'가 됩니다.
그리고 '**不用** + 명사'는 '뭐뭐를 쓰지 않는다'라는 뜻입니다.

▶ '~(뭐뭐)' 자리에 가볍게 말리거나 금지할 것을 넣으면 말이 됩니다.

● 生气 [shēngqì] 화내다　　● 谢 [xiè] 감사하다
● 客气 [kèqì] 사양하다　　● 着急 [zháojí] 조급해하다

U6-8-1

不用生气。
[Búyòng shēngqì.]
화낼 필요 없어요.

U6-8-2

不用谢。
[Búyòng xiè.]
감사할 필요 없어요.

U6-8-3

不用客气。
[Búyòng kèqì.]
사양할 필요 없어요.

U6-8-4

不用着急。
[Búyòng zháojí.]
조급해할 필요 없어요.

609. 뭐뭐 반복 표현들! (1)

자! 이번에는 반복형 표현입니다.
한 글자 또는 두 글자 단어를 반복하는 표현입니다.

우리말은 반복하면 좀 더 간곡한 뜻으로 강조가 되는데 비해
중국어에서는 대개 뒷글자를 가볍게 읽어서
'좀 ~하다'라는 뜻이 되며,
어감이 상대적으로 부드러워집니다.

- 谢 [xiè] 고맙다
- 欢迎 [huānyíng] 환영하다
- 哪里 [nǎli] 천만에/어디
- 恭喜 [gōngxǐ] 축하하다

U6-9-1
谢谢。
[Xièxie.]
감사합니다.

U6-9-2
欢迎, 欢迎。
[Huānyíng, huānyíng.]
어서 오세요.

U6-9-3
哪里, 哪里。
[Nǎli, nǎli.]
별말씀을요.

U6-9-4
恭喜, 恭喜。
[Gōngxǐ, gōngxǐ.]
축하합니다.

610. 뭐뭐 반복 표현들! (2)

자! 이번에도 반복형 표현입니다.
한 글자 또는 두 글자 단어를 반복하는 표현입니다.

慢慢儿 [mànmānr], 快快儿 [kuàikuāir], 好好儿 [hǎohāor] 의
경우처럼, 형용사를 반복하고 儿 [ér] 을 붙이기도 합니다.
이때 뒤의 것은 1성으로 발음합니다.
이때 慢慢儿 [mànmānr] 의 발음은 '만만얼'이 아니라 '만말'이라고 하고,
快快儿 [kuàikuāir] 의 발음은 '콰이콰이얼'이 아니라
'콰이콰얼'이라고 합니다.

- 慢慢儿 [mànmānr] 느리게
- 快快儿 [kuàikuāir] 빠르게
- 学习 [xuéxí] 배우다
- 来 [lái] 오다/하다
- 好好儿 [hǎohāor] 잘
- 研究 [yánjiū] 연구하다

 U6-10-1
慢慢儿来。
[Mànmānr lái.]
천천히 오다(하다).

 U6-10-2
快快儿走。
[Kuàikuāir zǒu.]
빨리 가다.

 U6-10-3
好好儿学习。
[Hǎohāor xuéxí.]
잘 배우다.

 U6-10-4
研究研究。
[Yánjiū yánjiū.]
연구해보다.

Practical, Useful and Easy-To-Understand Lessons!

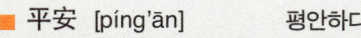

平安	[píng'ān]	평안하다
成功	[chénggōng]	성공하다
福	[fú]	복
寿	[shòu]	장수하다

* 이번 Unit 의 모든 단어를 정리했습니다.

UNIT 6 단어정리
중국어 초간편
회화공식,
숙어처럼 습관처럼!

 603. 뭐뭐를 축하합니다.

恭喜~。	[Gōngxǐ ~.]	~를 축하합니다.
发财	[fācái]	돈 벌다
高升	[gāoshēng]	승진하다
结婚	[jiéhūn]	결혼하다
开业	[kāiyè]	개업하다
新得	[xīn dé]	새로 얻다
贵子	[guìzǐ]	귀한 자제

 601. 뭐뭐 좋습니까?

好吗?	[Hǎo ma?]	좋습니까?
天气	[tiānqì]	날씨
身体	[shēntǐ]	몸
工作	[gōngzuò]	일
做生意	[zuò shēngyì]	장사하다

 604. 뭐뭐 하세요.

请~。	[Qǐng ~.]	~하세요.
进	[jìn]	들어오다
教	[jiào]	가르치다
坐	[zuò]	앉다

 602. 뭐뭐를 기원합니다!

| 祝你~! | [Zhù nǐ ~!] | ~를 기원합니다! |

 605. 뭐뭐를 주세요.

■ 请~。	[Qǐng ~.]	~주세요.	
■ 假	[jià]	휴가	
■ 客	[kè]	손님	
■ 命	[mìng]	명령	
■ 罪	[zuì]	죄	

■ 不用~。	[Búyòng ~.]	~할 필요 없어요.
■ 生气	[shēngqì]	화내다
■ 谢	[xiè]	감사하다
■ 客气	[kèqì]	사양하다
■ 着急	[zháojí]	조급해하다

 606. 뭐뭐를 원합니다.

■ 要~。	[Yào ~.]	~를 원합니다.
■ 咖啡	[kāfēi]	커피
■ 红	[hóng]	붉다
■ 的	[de]	~인 것
■ 工作	[gōngzuò]	일/일자리

 609. 뭐뭐 반복 표현들! (1)

■ 谢	[xiè]	고맙다
■ 欢迎	[huānyíng]	환영하다
■ 哪里	[nǎli]	천만에/어디
■ 恭喜	[gōngxǐ]	축하하다

 610. 뭐뭐 반복 표현들! (2)

■ 慢慢儿	[mànmānr]	느리게
■ 来	[lái]	오다/하다
■ 快快儿	[kuàikuāir]	빠르게
■ 好好儿	[hǎohāor]	잘
■ 学习	[xuéxí]	배우다
■ 研究	[yánjiū]	연구하다

 607. 뭐뭐 하지 마세요.

■ 不要~。	[Búyào ~.]	~하지 마세요.
■ 说	[shuō]	말하다
■ 走	[zǒu]	떠나다/가다
■ 动	[dòng]	움직이다
■ 放弃	[fàngqì]	포기하다

 608. 뭐뭐 할 필요 없어요.

Practical, Useful and Easy-To-Understand Lessons!

UNIT

7

Practical, **Useful** and
Easy-To-Understand Lessons!

UNIT 7
중국어 본격 일상회화, 여러분의 일상을 중국어로 말하는 방법!

UNIT 7의 결정적 특징!

모든 일상표현을 중국어로 말합니다.
하루 동안 꼭 쓸 수밖에 없는
중국어 궁극의 일상생활 표현들이
패턴 문장으로 정리됩니다.

UNIT 7's CONTENTS

UNIT 7. 은 다음의 내용을 담고 있습니다.
지금 당장 필요하신 부분부터 보셔도 됩니다.

大家的前进汉语最无限增加。

Practical, **Useful** and **Easy-To-Understand** Lessons!

CHINESE
前进汉语
大家的
前进汉语
量无限增가

701. 친구를 만납니다.

U7-01-0

见朋友。
[Jiàn péngyou.] 친구를 만납니다.

● 见 [jiàn] 보다/만나다　　　　● 朋友 [péngyou] 친구

见 [jiàn] 은 본래 '보다'인데, 사람을 '만나다'라는 뜻으로도 쓰입니다.
그래서 '~를 만나다'는 '见 + 누구'라고 하면 됩니다.

자! 그러면 친구를 만날 때,
베스트 표현 4가지를 만나보겠습니다.

U7-01-1

在石是我朋友。
[Zàishí shì wǒ péngyou.]
재석이는 내 친구입니다.

● 是 [shì] ~이다

▶ 'A + **是** + B.', 'A는 B이다.'의 문형입니다. 중국어에서는 '시자문' (**是字文**) 이라고 하며, 시자문은 동사술어문의 기본이라고 할 수 있습니다.

UNIT 7
01

● 大家的前进汉语量无限增加。

U7-01-2

我的脸谱上有很多朋友。
[Wǒ de liǎnpǔshang yǒu hěn duō péngyou.]
나는 페이스북(에) 친구가 많습니다.

- 脸谱 [liǎnpǔ] 페이스북　　● 上 [shang] ~에　　● 没有 [méiyǒu] 없다

▶ 上 [shang] 은 명사 다음에 붙여서 '~에'라는 의미를 나타내는
접미사입니다. 문장은 我有朋友. ➜ 我有很多朋友. ➜ 我的脸谱上有
很多朋友. 와 같은 방식으로 확장시킬 수 있습니다. 반대로 '나는 친구가
없다.'는 我没有朋友. [Wǒ méiyǒu péngyou.] 라고 합니다.

U7-01-3

我现在需要朋友。
[Wǒ xiànzài xūyào péngyou.]
나는 지금 친구가 필요합니다.

- 我 [wǒ] 나　　● 现在 [xiànzài] 지금　　● 需要 [xūyào] 필요하다

▶ '지금' 现在 [xiànzài] 처럼 시간을 나타내는 부사는 술어 (需要) 앞에
위치합니다.

U7-01-4

我想见朋友。
[Wǒ xiǎng jiàn péngyou.]
나는 친구를 만나고 싶습니다.

- 想 [xiǎng] ~하고 싶다

▶ '想 + 동사'는 '(동사)하고 싶다'는 뜻입니다.
이럴 때에 想 [xiǎng] 은 영어의 조동사와 같은 기능을 하며 중국어에서는
'능원동사'라고 합니다.

Practical, **Useful** and **Easy-To-Understand** Lessons!

CHINESE
前进汉语
大家的
前进汉语
量无限增加

702. 전화를 겁니다.

U7-02-0

打电话。
[Dǎ diànhuà.] 전화를 겁니다.

● 打 [dǎ] 걸다　　● 电话 [diànhuà] 전화

전화를 '걸다'는 '때리다'라는 뜻의 동사 **打** [dǎ] 를 씁니다.
우리가 '전화 한 통 때려줘.'라고 말하는 식이죠. ^ㄴ^

자! 그러면 전화 걸 때 필요한
베스트 표현 4가지를 만나보겠습니다.

U7-02-1

给朋友打电话。
[Gěi péngyou dǎ diànhuà.]
친구에게 전화를 겁니다.

● 给 [gěi] ~에게 (~해주다)

▶ 给 [gěi] 는 동사로 쓰이면 '주다'인데 이 문장에서는 전치사로 쓰여서 '~
에게'이며, '~해주다'라는 뜻을 포함하고 있습니다. 그러니까 '친구에게 전화
를 걸어준다.'라고 해야 정확한 뜻입니다.

● 大家的前进汉语量无限增加。

U7-02-2

朋友不接电话。

[Péngyou bù jiē diànhuà.]

친구가 전화를 받지 않습니다.

● 不 [bù] ~않다　　● 接 [jiē] 받다

▶ 전화를 '받는다'는 接 [jiē] 입니다.
'받지 않는다'라고 할 땐 앞에 不 [bù] 를 붙여주면 됩니다.

U7-02-3

打错电话了。

[Dǎcuò diànhuà le.]

전화를 잘못 걸었습니다.

● 打错 [dǎcuò] 잘못 걸다　　● 了 [le] '~하였다'는 의미의 완료를 나타내는 조사
● 号码 [hàomǎ] 번호　　● 对 [duì] 맞다

▶ 참고로 '전화번호가 맞습니까?'는 **电话号码对吗?** [Diànhuà hàomǎ
duì ma?] 라고 하고, '전화번호가 틀립니다.'는 **电话号码不对。**
[Diànhuà hàomǎ bú duì.] 라고 합니다.

U7-02-4

告诉我手机号码。

[Gàosu wǒ shǒujī hàomǎ.]

나에게 핸드폰 번호를 알려 주세요.

● 告诉 [gàosu] 알리다　　● 手机 [shǒujī] 핸드폰　　● 知道 [zhīdao] 알다

▶ '나는 핸드폰 번호를 알고 있습니다.'는 **我知道手机号码。**
[Wǒ zhīdao shǒujī hàomǎ.] 라고 합니다.

Practical, **Useful** and
Easy-To-Understand Lessons!

Practical, **Useful** and
Easy-To-Understand Lessons!

GO STRAIGHT
CHINESE
前进汉语
大家的
前进汉语
量无限增加

703. 대화를 나눕니다.

U7-03-0 **聊天。**
[Liáotiān.] 대화를 나눕니다.

● 聊 [liáo] 이야기하다　　● 天 [tiān] 하늘

聊天 [liáotiān] 은 원래 '하늘을 이야기한다'라는 뜻이지만,
'대화를 나누다'라는 의미로 씁니다.
그만큼 한가하다는 것이기도 합니다.

자! 그러면 대화할 때 필요한
베스트 표현 4가지를 만나보겠습니다.

U7-03-1 ① **干什么?**
[Gàn shénme?]
뭐 하니?

● 干 [gàn] 하다　　● 什么 [shénme] 무엇

▶ '너 뭐 하니?'는 **你干什么? [Nǐ gàn shénme?]** 하면 되겠죠?

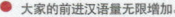
● 大家的前进汉语量无限增加。

②
U7-03-2

我现在工作。
[Wǒ xiànzài gōngzuò.]
나 지금 일해.

- 现在 [xiànzài] 지금
- 工作 [gōngzuò] 일하다
- 忙 [máng] 바쁘다

▶ 그냥 '바빠.'라고 하려면 **很忙。**[Hěn máng.] 하면 됩니다.
그리고 '바쁘다' 등과 같은 형용사 앞에는 '매우/좀'이라는 뜻의 **很**을
습관적으로 써줍니다. **很**은 특별히 강조의 의미가 없기 때문에 꼭 해석할
필요는 없습니다.

③
U7-03-3

我没事儿。
[Wǒ méi shìr.]
나 한가해.

- 没 [méi] 없다
- 事儿 [shìr] 일
- 什么都不~ [shénme dōu bù~] 아무것도 ~않다

▶ '일이 없다', 즉 '한가하다'는 말이죠. 참고적으로 '아무 일도 안 해.'는
什么都不干。[Shénme dōu bú gàn.] 이라고 합니다.

④
U7-03-4

我们见面吧。
[Wǒmen jiànmiàn ba.]
우리 만나자.

- 我们 [wǒmen] 우리
- 见面 [jiànmiàn] 만나다
- 吧 [ba] ~하자
- 那 [nà] 그것/그렇다면
- 好 [hǎo] 좋다

▶ '~하자'라고 말할 땐 '동사 + **吧** [ba]' 하면 됩니다. **吧**는 문장의 끝에
쓰여서 제의나 기대 또는 가벼운 명령 등의 느낌을 나타냅니다.
이럴 땐 **那很好。**[Nà hěn hǎo.] (그거 좋지!)라고 대답하면 됩니다.

GO STRAIGHT
CHINESE
前进汉语

QUARTZ
TIGER

704. 약속을 정합니다.

U7-04-0

约定。

[Yuēdìng.] 약속을 정합니다.

● 约定 [yuēdìng] 약속하다

'약속을 정하다'는 **约定** [yuēdìng] 입니다. 핸드폰 '약정'과 같은 말이죠.
그리고 우리말의 **约束** [yuēshù] 는 중국어로 '구속한다'는 뜻입니다.
그래서 살짝 사용에 주의가 필요합니다.

자! 그러면 약속을 정할 때 필요한
베스트 표현 4가지를 만나보겠습니다.

 ❶

U7-04-1

有空儿见面吧。

[Yǒu kòngr jiànmiàn ba.]
시간 있으면 만나자.

● 有 [yǒu] 있다   ● 空儿 [kòngr] 여가/여유
● 见面 [jiànmiàn] 만나다   ● 吧 [ba] ~하자

▶ 이 문장에서 콤마는 전후 문장을 자연스럽게 이어주는 역할을 합니다.
그리고 '~하자'고 할 때는 동사 다음에 **吧** [ba] 를 써주면 됩니다.

 →  →

UNIT 7
04

→

● 大家的前进汉语量无限增加。

 ❷
U7-04-2

在哪儿见面?
[Zài nǎr jiànmiàn?]
어디에서 만날까?

● 哪儿 [nǎr] 어디　● 什么时候 [shénme shíhou] 언제

▶ 在 [zài] 는 이 문장에서 영어의 전치사처럼 '~에'의 뜻이에요.
'언제 만날까?'는 什么时候见面? [Shénme shíhou jiànmiàn?]
이라고 하면 됩니다.

 ❸
U7-04-3

明天12点在弘大见面吧。
[Míngtiān shíèr diǎn zài Hóngdà jiànmiàn ba.]
내일 12시 홍대에서 만나자.

● 明天 [míngtiān] 내일　● 十二 [shíèr] 12　● 点 [diǎn] 시
● 在 [zài] ~에서　● 弘大 [Hóngdà] 홍대

▶ '언제+어디에서+뭐뭐하자.' (시간+在+장소+동사+吧。)의 패턴문장입니
다. 문장은 明天见面吧。 ➔ 明天12点见面吧。 ➔ 明天12点在弘大见
面吧。 와 같은 방식으로 확장시킬 수 있습니다.

 ❹
U7-04-4

我去, 还是你来?
[Wǒ qù, háishi nǐ lái?]
내가 갈까, 아니면 네가 올래?

● 去 [qù] 가다　● 来 [lái] 오다　● 你那儿 [nǐ nàr] 너 있는 거기

▶ 还是 [háishi] 는 '아니면'이라는 뜻으로 '선택식 의문'을 나타냅니다.
대답은 '내가 너한테 갈게.' 我去你那儿 。[Wǒ qù nǐ nàr.] 하면 됩니다.

Practical, Useful and
Easy-To-Understand Lessons!

705. 외출합니다.

U7-05-0

出门。

[Chūmén.] 외출합니다.

'외출하다'는 出门 [chūmén] 즉 '문을 나가다'라고 합니다.
우리가 말하는 **外出** [wàichū] 는 중국어로 '멀리 출장 간다'는
의미입니다.

● 出门 [chūmén] 외출하다

자! 그러면 외출할 때 필요한
베스트 표현 4가지를 만나보겠습니다.

 ①

U7-05-1

准备出门。

[Zhǔnbèi chūmén.]
외출하려고 합니다.

● 准备 [zhǔnbèi] 준비하다/~하려고 하다

▶ 여기서 出门 [chūmén] 은 '외출하다'라는 뜻의 동사입니다.
이렇게 중국어는 같은 단어라도 위치에 따라 명사나 동사술어가 될 수
있습니다. **准备** [zhǔnbèi] 는 '~ 하려고 한다'는 뜻의 '동사'로서 동사구나
문장을 목적어로 취합니다. '외출하는 것을 준비한다.'라고 해도 됩니다.

 **❷**
U7-05-2

洗澡了, 换衣服。
[Xǐzǎole, huàn yīfu.]
샤워를 하고, 옷을 갈아입습니다.

- 洗澡 [xǐzǎo] 샤워하다
- 了 [le] 동작이 완료되었음을 나타내는 조사
- 换 [huàn] 바꾸다
- 衣服 [yīfu] 옷

▶ 了 [le] 는 동작의 완료를 나타내는 '동태조사'입니다.
'머리를 말리다'는 吹风 [chuīfēng] 이라고 합니다.

 **❸**
U7-05-3

打扮。
[Dǎban.]
화장을 합니다.

- 打扮 [dǎban] 화장하다

▶ 打扮 [dǎban], '분을 때리다'가 '화장하다'입니다.
'나는 화장을 하지 않습니다.'는 我不打扮。 [Wǒ bù dǎban.] 이라고
합니다.

 **❹**
U7-05-4

提包出门。
[Tíbāo chūmén.]
가방을 들고 집을 나옵니다.

- 提包 [tíbāo] 가방을 들다

Practical, **Useful** and
Easy-To-Understand Lessons!

Practical, Useful and
Easy-To-Understand Lessons!

GO STRAIGHT
CHINESE
前进汉语
大家的
前进汉语
量无限增加

706. 지하철을 탑니다.

U7-06-0

坐地铁。
[Zuò dìtiě.] 지하철을 탑니다.

● 坐 [zuò] 타다　　● 地铁 [dìtiě] 지하철

교통수단을 '타다'는 '앉다'라는 동사 坐 [zuò] 를 사용합니다.
그래서 '坐 + 무엇' 하면 '무엇을 타다'가 됩니다.

자! 그러면 교통편을 이용할 때 필요한
베스트 표현 4가지를 만나보겠습니다.

①
U7-06-1

每天早上坐巴士。
[Měitiān zǎoshang zuò bāshì.]
매일 아침 버스를 탑니다.

● 每天 [měitiān] 매일　　● 早上 [zǎoshang] 아침　　● 巴士 [bāshì] 버스
● 的士 [dīshì] 택시　　● 飞机 [fēijī] 비행기
● 摩托车 [mótuōchē] 오토바이　　● 自行车 [zìxíngchē] 자전거

▶ 버스/택시/비행기 등을 타는 것은 坐 라고 하며,
오토바이/자전거 같이 발을 벌리고 타는 것은 骑 [qí] 라고 합니다.

❷

U7-06-2

巴士里面有很多人。

[Bāshì lǐmiàn yǒu hěn duō rén.]

버스 안에 많은 사람이 있습니다.

- 里面 [lǐmiàn] 안/속
- 多 [duō] 많다

▶ 어떤 장소/공간의 안 또는 속은 里面 [lǐmiàn] 을 씁니다. 줄여서 里 [li]
만 써도 됩니다. 里 의 위치는 명사 뒤에 붙여 쓰며, 경성으로 발음합니다.

❸

U7-06-3

应该换地铁。

[Yīnggāi huàn dìtiě.]

지하철을 갈아타야 합니다.

- 应该 [yīnggāi] ~해야 한다
- 换 [huàn] 바꾸다
- 地铁 [dìtiě] 지하철

▶ 환승은 换乘 [huànchéng] 또는 换车 [huànchē] 라고 합니다.

❹

U7-06-4

路上总是堵车。

[Lùshang zǒngshì dǔchē.]

도로는 언제나 막힙니다.

- 路上 [lùshang] 도로/길
- 总是 [zǒngshì] 언제나
- 堵车 [dǔchē] 차가 막히다

▶ 路上 [lùshang] 은 '도중'의 뜻으로도 쓸 수 있습니다.
'언제나'와 같은 부사는 술어 앞에 옵니다. 부사는 술어 앞에서
'술어의 시간/장소/상태' 등을 설명해 줍니다.

Practical, **Useful** and
Easy-To-Understand Lessons!

707. 커피숍에 갑니다.

U7-07-0

去咖啡厅。
[Qù kāfēitīng.] 커피숍에 갑니다.

● 去 [qù] 가다　　● 咖啡厅 [kāfēitīng] 커피숍

'가다'는 去 [qù] 입니다. 그래서 去 다음에 장소 이름만 붙이면
'~에 간다'가 됩니다.

자! 그러면 커피숍을 이용할 때 필요한
베스트 표현 4가지를 만나보겠습니다.

1

U7-07-1

我们在星巴克见面。
[Wǒmen zài Xīngbākè jiànmiàn.]
우리는 스타벅스에서 만납니다.

● 在 [zài] ~에서　　● 星巴克 [Xīngbākè] 스타벅스
● 见面 [jiànmiàn] 만나다

▶ '~에서'는 在 [zài] 를 씁니다. 장소 이름 앞에 놓으면 됩니다.
문장은 我们见面。 ➔ 我们在星巴克见面。 와 같은 방식으로
확장시킬 수 있습니다.

 UNIT 7 07
 前进汉语

● 大家的前进汉语量无限增加。

 **2** U7-07-2

这咖啡厅香草拿铁很好喝。

[Zhè kāfēitīng xiāngcǎonátiě hěn hǎohē.]

이 커피숍은 바닐라라떼가 맛있습니다.

● 香草拿铁 [xiāngcǎonátiě] 바닐라라떼 ● 好喝 [hǎohē] (마실 것이) 맛있다

 **3** U7-07-3

我想要两杯美式咖啡。

[Wǒ xiǎng yào liǎng bēi měishìkāfēi.]

아메리카노 2잔을 주문합니다.

● 想 [xiǎng] ~하려 한다 ● 要 [yào] 원하다
● 两杯 [liǎng bēi] 2잔 ● 美式咖啡 [měishì kāfēi] 아메리카노

▶ 想要 [xiǎngyào] 는 '하기 원한다'이기 때문에 상점에서는 주문하는 표현으로 사용할 수 있습니다.

---

 4 U7-07-4

我想带走的，请包装一下。

[Wǒ xiǎng dàizǒude, qǐng bāozhuāng yíxià.]

테이크 아웃하고 싶습니다, 포장 좀 해주세요.

● 带走 [dàizǒu] 가지고 가다 ● 的 [de] 동사구에 붙여서 '~인 것'의 의미
● 请 [qǐng] 요청하다 ● 包装 [bāozhuāng] 포장하다
● 一下 [yíxià] 동사 술어 뒤에 쓰여서 '좀 ~하다'의 뜻

Practical, Useful and
Easy-To-Understand Lessons!

GO STRAIGHT CHINESE
前进汉语
大家的 前进汉语
量无限增加

708. 차를 마십니다.

U7-08-0

喝茶。
[Hē chá.] 차를 마십니다.

● 喝 [hē] 마시다　● 茶 [chá] 차　● 水 [shuǐ] 물　● 酒 [jiǔ] 술

'마시다'는 喝 [hē] 입니다. 그래서 '喝 + 무엇' 하면 '~을 마신다'가 됩니다.

자! 그러면 뭔가를 마실 때 필요한
베스트 표현 4가지를 만나보겠습니다.

① U7-08-1

我喝咖啡。
[Wǒ hē kāfēi.]
나는 커피를 마십니다.

● 咖啡 [kāfēi] 커피　● 牛奶 [niúnǎi] 우유　● 可可茶 [kěkěchá] 코코아차

▶ 핫커피는 热咖啡 [rèkāfēi], 아이스커피는 冰咖啡 [bīngkāfēi] 라고
하며, '뜨거운 것'은 热的 [rède], '찬 것'은 冰的 [bīngde] 라고 합니다.
이때 的 [de] 는 형용사에 붙여서 '~인 것'의 의미를 나타내고 있습니다.

UNIT 7
08

● 大家的前进汉语量无限增加。

 **2**
U7-08-2

我想喝橘子汁。
[Wǒ xiǎng hē júzizhī.]
나는 오렌지 주스를 마시고 싶습니다.

● 想 [xiǎng] ~하고 싶다　　● 橘子汁 [júzizhī] 오렌지 주스

 **3**
U7-08-3

还有什么喝的?
[Hái yǒu shénme hēde?]
마실 것은 뭐가 더 있습니까?

● 还 [hái] 더/역시　　● 什么 [shénme] 무엇/무슨
● 喝的 [hēde] 마실 것

▶ **喝的 [hēde]** 는 '마실 것'이며, 이때 **的 [de]** 는 동사에 붙여서
'~인 것'의 뜻입니다.

 **4**
U7-08-4

我不会喝酒。
[Wǒ bú huì hē jiǔ.]
나는 술을 못 마십니다.

● 会 [huì] ~할 수 있다　　● 不会 [bú huì] ~ 못한다　　● 酒 [jiǔ] 술

▶ **会 [huì]** '~할 수 있다'는 조동사로서 대개는 '~ 배워서 할 수 있다'
또는 '~할 줄 안다'라는 뜻으로도 쓰이며, **不会 [bú huì]** 는 '~할 줄 모른다'
또는 '~ 못한다'는 의미입니다. 문장은 我喝酒。 ➡ 我会喝酒。
➡ 我不会喝酒。 와 같은 방식으로 확장시킬 수 있습니다.

Practical, **Useful** and
Easy-To-Understand Lessons!

GO STRAIGHT
CHINESE
前进汉语
大家的
前进汉语
量无限增加

709. 식사를 합니다.

U7-09-0　吃饭。
[Chī fàn.] 식사를 합니다.

● 吃 [chī] 먹다　　　● 饭 [fàn] 밥

'먹다'는 **吃** [chī] 입니다. 우리가 흔히 쓰는 '먹을 **食**' 자는 옛말이고요,
현대의 중국어는 **吃** 자를 사용합니다. 그래서 '**吃** + 무엇' 하면
'무엇을 먹다'가 됩니다.

자! 그러면 식사 때 필요한
베스트 표현 4가지를 만나보겠습니다.

①
U7-09-1　我喜欢中国菜。
[Wǒ xǐhuan Zhōngguó cài.]
나는 중국요리를 좋아합니다.

● 喜欢 [xǐhuan] 좋아하다　● 菜 [cài] 요리　● 炒打糕 [chǎodǎgāo] 떡볶이
● 烤肉 [kǎoròu] 불고기

▶ '뭐뭐를 좋아한다'고 할 땐 '**喜欢** [xǐhuan] 뭐뭐' 하면 됩니다.
'**喜欢** 떡볶이, **喜欢** 불고기' 하는 식입니다.

● 大家的前进汉语量无限增加。

U7-09-2

我最喜欢法国菜。
[Wǒ zuì xǐhuan Fǎguó cài.]
나는 프랑스 요리를 제일 좋아합니다.

- 最 [zuì] 가장
- 法国 [Fǎguó] 프랑스
- 意大利 [Yìdàlì] 이태리
- 西班牙 [Xībānyá] 스페인
- 德国 [Déguó] 독일

▶ 그래서 '나는 뭐뭐를 제일 좋아한다.'는 '我最喜欢 뭐뭐.'
[Wǒ zuì xǐhuan ~.] 입니다. 자주 사용하는 표현입니다.

U7-09-3

我什么都爱吃。
[Wǒ shénme dōu ài chī.]
나는 뭐든 잘 먹습니다.

- 什么 [shénme] 무엇
- 都 [dōu] 모두
- 爱 [ài] 좋아하다
- 吃 [chī] 먹다

▶ 爱 [ài] (좋아하다) 다음에 吃 [chī] (먹다)라는 목적어가 와서 '먹기를
좋아한다'가 된 것입니다. '爱 (좋아하다)+~한다'의 구조를 기억해주십시오.

U7-09-4

吃饱了。
[Chī bǎo le.]
잘 먹었습니다.

- 吃饱 [chī bǎo] 배부르게 먹다
- 了 [le] '~하였다'는 완료의 의미를 나타내는 조사

▶ 饱 [bǎo] 는 동사술어 뒤에 쓰여서 술어의 결과를 보충설명하는
'결과보어'입니다. 즉, 吃饱 는 먹은 결과가 배부르다는 뜻입니다.

Practical, **Useful** and
Easy-To-Understand Lessons!

Practical, **Useful** and
Easy-To-Understand Lessons!

CHINESE
前进汉语

710. 물건을 삽니다.

U7-10-0

买东西。
[Mǎi dōngxi.] 물건을 삽니다.

● 买 [mǎi] 사다   ● 东西 [dōngxi] 물건

'사다'는 买 [mǎi] 입니다. 그래서 '买 + 무엇' 하면 '무엇을 사다'가 됩니다.
'물건'은 东西 [dōngxi] 라고 하는데 오행설에 따르면 동쪽과 서쪽의
기운이 세상의 물건을 만들었다고 여겨서 생겨난 단어입니다.

자! 그러면 쇼핑할 때 필요한
베스트 표현 4가지를 만나보겠습니다.

①
U7-10-1

这件衣服多少钱?
[Zhè jiàn yīfu duōshao qián?]
이 옷은 얼마입니까?

● 件 [jiàn] 옷을 세는 단위   ● 衣服 [yīfu] 옷   ● 多少钱 [duōshao qián] 얼마냐

▶ 件 [jiàn] 은 옷이나 문서 등의 단위를 나타냅니다.
件 처럼 '명사를 세는 품사'를 '양사' (量词)라고 합니다.
多少钱? [Duōshao qián?] (얼마입니까?)

  UNIT 7 10

● 大家的前进汉语量无限增加。

②
U7-10-2

请便宜一点儿。
[Qǐng piányi yìdiǎnr.]
좀 깎아주세요. (좀 싸게 해주세요.)

● 请 [qǐng] ~해주세요　　● 便宜 [piányi] 싸다　　● 一点儿 [yìdiǎnr] 조금/약간

▶ '~해주세요' 라고 청할 때는 '请 [qǐng] + 무엇'하면 됩니다.

③
U7-10-3

这个可以退钱吗?
[Zhège kěyǐ tuìqián ma?]
이거 환불됩니까?

● 可以 [kěyǐ] ~할 수 있다　　● 退钱 [tuìqián] 환불하다

▶ 退钱 [tuìqián] 은 '돈을 무르다'라는 뜻입니다.
可以 [kěyǐ] 는 허가되어 '~할 수 있다'라는 뜻입니다.

④
U7-10-4

我的爱好是购物。
[Wǒ de àihào shì gòuwù.]
나의 취미는 쇼핑입니다.

● 是 [shì] ~이다　　　　　● 爱好 [àihào] 취미
● 购物 [gòuwù] 쇼핑　　　● 减肥 [jiǎnféi] 다이어트

▶ '我 (나) 的 (의) 爱好 (취미는) 是 (이다) ~.'의 구조입니다.
그래서 '그녀의 취미는 다이어트입니다.'는 她的爱好是减肥.
[Tā de àihào shì jiǎnféi.] 라고 말할 수 있습니다.

Practical, **Useful** and
Easy-To-Understand Lessons!

Practical, **Useful** and
Easy-To-Understand Lessons!

711. 전통극 감상을 좋아합니다.

U7-11-0

喜欢听戏。

[Xǐhuan tīngxì.] 전통극 감상을 좋아합니다.

● 听戏 [tīngxì] 전통극을 감상하다

喜欢 [xǐhuan] (좋아하다)는 동사를 목적어로 취할 수 있습니다.
喜欢听戏 는 '좋아하다 + 공연을 감상하다'의 구조로
听戏 [tīngxì] 가 목적어입니다. 따라서 '전통극 감상하기를 좋아합니다.'라
고 해석하면 됩니다.

자! 그러면 공연 감상할 때 필요한
베스트 표현 4가지를 만나보겠습니다.

 ⓘ U7-11-1

我经常去看戏。

[Wǒ jīngcháng qù kànxì.]
나는 자주 공연을 보러 갑니다.

● 经常 [jīngcháng] 자주　　● 看戏 [kànxì] 공연을 보다

大家的前进汉语量无限增加。

2

U7-11-2

网上预买演出票。

[Wǎngshàng yùmǎi yǎnchūpiào.]

인터넷으로 공연표를 예매합니다.

- 网上 [wǎngshàng] 인터넷 • 预买 [yùmǎi] 예매하다
- 演出票 [yǎnchūpiào] 공연표

3

U7-11-3

去大学路, 看话剧。

[Qù Dàxuélù, kàn huàjù.]

대학로에 가서 연극을 봅니다.

- 大学路 [Dàxuélù] 대학로 • 话剧 [huàjù] 연극

▶ 쉼표는 '그러나/그리고/그리고 나서' 등의 의미로 두 문장을 연결하여 전후 문장의 상황에 알맞게 해석합니다.

4

U7-11-4

最近音乐剧很受欢迎。

[Zuìjìn yīnyuèjù hěn shòu huānying.]

요즘은 뮤지컬이 인기 있습니다.

- 最近 [zuìjìn] 최근 • 音乐剧 [yīnyuèjù] 뮤지컬 • 很 [hěn] 매우
- 受欢迎 [shòu huānying] 인기 있다

▶ 受 [shòu] (받다)와 欢迎 [huānying] (환영)은 '환영을 받다', 즉 '인기 있다'는 말입니다. 很 은 '매우'라는 뜻이지만 따로 해석하지 않고 受欢迎 을 수식하는 부사어입니다.

Practical, **Useful** and
Easy-To-Understand Lessons!

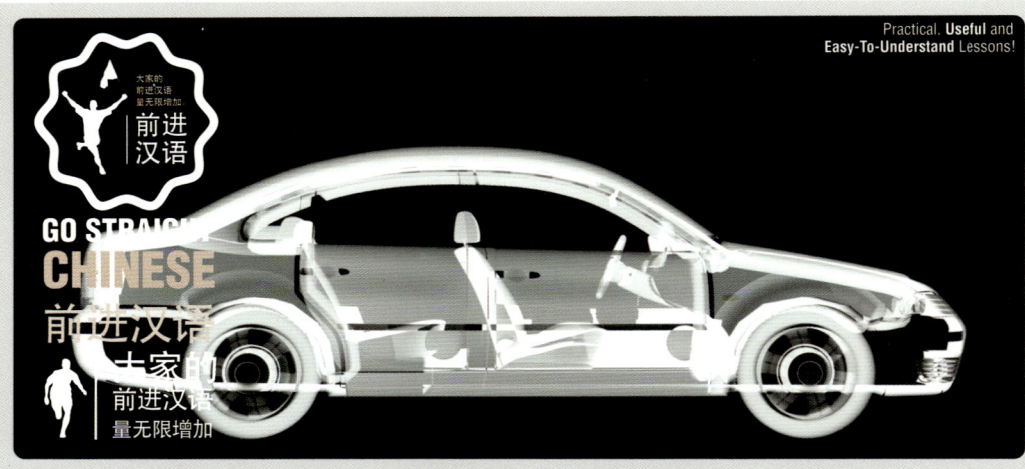

712. 드라이브를 갑니다.

U7-12-0

兜风。

[Dōufēng.] 드라이브를 갑니다.

● 兜 [dōu] 둘러싸다　　● 风 [fēng] 바람

兜风 [dōufēng] 은 '바람을 쐬다'인데,
'드라이브하다'라는 뜻으로 사용합니다.

자! 그러면 드라이브할 때 필요한
베스트 표현 4가지를 만나보겠습니다.

 **①**

U7-12-1

我会开车。

[Wǒ huì kāichē.]
나는 운전을 할 줄 압니다.

● 会 [huì] ~할 줄 안다　　● 开车 [kāichē] 운전하다

▶ 会 [huì] 는 '배워서 무엇인가 할 줄 안다'는 뜻을 나타내는 조동사입니다.

● 大家的前进汉语量无限增加。

 **②** U7-12-2

我拿到驾照了。
[Wǒ nádào jiàzhào le.]
나는 운전면허를 취득했습니다.

- 没有 [méiyǒu] 없다
- 驾驶证 [jiàshǐzhèng] / 驾照 [jiàzhào] 운전면허증
- 拿到 [nádào] 손에 넣다

▶ '그녀는 운전면허가 없습니다.'는 她没有驾驶证。[Tā méiyǒu jiàshǐzhèng.] 이라고 합니다. 중국에서는 자동차 면허증을 따는 과정이 매우 어렵고, 국제면허증 国际驾照 [guójì jiàzhào] 도 인정하지 않기 때문에 중국에서 현지인이 아니면 운전하기가 매우 어렵습니다.

 **③** U7-12-3

给汽车加油。
[Gěi qìchē jiāyóu.]
자동차에 주유를 합니다.

- 给 [gěi] '~에게'라는 뜻의 전치사인데, '~해주다'라는 뜻을 포함하고 있습니다
- 汽车 [qìchē] 자동차
- 加油 [jiāyóu] 주유하다

▶ '주유를 가득해 주세요!' 라고 할 때, 请给我灌满。[Qǐng gěi wǒ guànmǎn.] 이라고 합니다. 이때 请 [qǐng] 은 영어의 'please'처럼 무언가 부탁할 때 문장 앞에서 쓰는 표현이며, 灌满 [guànmǎn] 은 '넣다'는 뜻의 동사 灌 [guàn] 에 '가득하다'라는 뜻의 형용사 满 [mǎn] 을 붙인 것으로, 이렇게 동사의 결과를 보충 설명하는 것을 '결과보어'라고 합니다.

 **④** U7-12-4

我们去郊外兜风。
[Wǒmen qù jiāowài dōufēng.]
우리는 교외로 드라이브하러 갑니다.

- 郊外 [jiāowài] 교외

▶ 去 (가다) + 兜风 (드라이브 가다) ➜ 去兜风 (드라이브하러 가다)의 문형입니다. '동사2 (兜风)를 하기 위해서 동사1 (去)을 한다'는 형식으로 이러한 문장을 목적의 의미를 나타내는 '연동식'이라고 합니다.

Practical, Useful and
Easy-To-Understand Lessons!

GO STRAIGHT
CHINESE
前进汉语
大家的
前进汉语
量无限增加

713. 클럽에 갑니다.

U7-13-0

去夜总会。

[Qù yèzǒnghuì.] 클럽에 갑니다.

● 夜总会 [yèzǒnghuì] 나이트클럽

'가다'는 去 [qù] 입니다. 그래서 去 다음에 장소 이름만 붙이면 '~에 간다'가
됩니다. 나이트클럽은 중국어로 '밤에 하는 총회' 夜总会 [yèzǒnghuì]
라고 합니다. 또는 歌舞厅 [gēwǔtīng] (노래하고 춤추는 집)이나
夜店 [yèdiàn] (밤가게)라고도 합니다.

자! 그러면 클럽에서 필요한
베스트 표현 4가지를 만나보겠습니다.

 ①

U7-13-1

我们在夜总会跳舞。

[Wǒmen zài yèzǒnghuì tiàowǔ.]
우리는 클럽에서 춤을 춥니다.

● 跳舞 [tiàowǔ] 춤을 추다　　● 在 [zài] ~에서

▶ 문장은 我们跳舞。 ➜ 我们在夜总会跳舞。 와 같은 방식으로
확장시킬 수 있습니다.

UNIT 7
13

●大家的前进汉语量无限增加。

②
U7-13-2

她不跳舞。
[Tā bú tiàowǔ.]
그녀는 춤추지 않습니다.

③
13-3

他只是喝酒。
[Tā zhǐshì hējiǔ.]
그는 술만 마십니다.

▶ 우리는 '술고래'라고 하지만 중국은 '술귀신' 또는 '바다 같은 크기'라고도 합니다.

- 只是 [zhǐshì] 오직/만
- 喝酒 [hējiǔ] 술을 마시다
- 酒鬼 [jiǔguǐ] / 海量 [hǎiliàng] 술고래

④
U7-13-4

在夜总会交异性朋友。
[Zài yèzǒnghuì jiāo yìxìng péngyou.]
클럽에서 이성친구를 사귑니다.

- 交 [jiāo] 사귀다
- 异性朋友 [yìxìng péngyou] 이성친구

▶ 交 [jiāo] 는 원래 '건네다'라는 뜻인데, 누구를 '사귀다/만나다'라고 할 때 전치사 없이 대상을 목적어 자리에 두면 됩니다. 참고적으로 동성애자는 同性恋爱者 [tóngxìng liànàizhě] 라고 합니다.

Practical, **Useful** and
Easy-To-Understand Lessons!

GO STRAIGHT
CHINESE
前进汉语
大家的
前进汉语
量无限增加

714. 야식을 먹습니다.

U7-14-0

吃夜餐。

[Chī yècān.] 야식을 먹습니다.

● 夜餐 [yècān] 야식

'먹다'는 **吃** [chī] 입니다. 그래서 '吃 + 무엇' 하면 '무엇을 먹다'가 됩니다.
'밥'은 **饭** [fàn] 인데 **餐** [cān] 이라고도 합니다.

자! 그러면 야식이 필요할 때의
베스트 표현 4가지를 만나보겠습니다.

 ❶

U7-14-1

有点儿饿。

[Yǒudiǎnr è.]
배가 좀 출출합니다.

● 有点儿 [yǒudiǎnr] 약간/좀/다소　　● 饿 [è] 배고프다

▶ **有点儿** [yǒu diǎnr] 은 원래 **有一点儿** 에서 **一** [yī] 를 생략한
것입니다. 이것이 한 단어처럼 쓰여서 형용사술어 **饿** [è] 앞의
부사어 자리에 오면, '약간/좀/다소'라는 뜻의 부사어가 됩니다.

  UNIT 7 14

● 大家的前进汉语量无限增加。

 **②** U7-14-2

去吃零食。
[Qù chī língshí.]
간식을 먹으러 갑니다.

● 零食 [língshí] 간식

 **③** U7-14-3

预订送夜餐。
[Yùdìng sòng yècān.]
야식배달을 주문합니다.

● 预订 [yùdìng] 주문하다/예약하다　　● 送 [sòng] 보내다

 ④ U7-14-4

夜餐还是方便面。
[Yècān háishì fāngbiànmiàn.]
야식은 역시 라면입니다.

● 还是 [háishì] 역시 ~이다　　● 方便面 [fāngbiànmiàn] 라면

▶ 'A는 역시 B이다.' 는 'A还是B.'입니다.
方便 은 '편리하다'는 뜻인데 '라면'은 '편리한 면'이라고 부릅니다.

Practical, Useful and
Easy-To-Understand Lessons!

CHINESE
前进汉语
大家的
前进汉语
量无限增加

715. 노래방에 갑니다.

U7-15-0

去卡拉OK。
[Qù kǎlā OK.] 노래방에 갑니다.

● 卡拉OK [kǎlā OK] 노래방

卡拉 [kǎlā] 는 '없다'(일본어의 **空** [카라])라는 뜻이고, **OK** 는 '오케스트라'를 줄여 쓴 것입니다. 즉 '오케스트라 없이' 반주만 있다는 뜻입니다.

자! 그러면 노래방에서 필요한
베스트 표현 4가지를 만나보겠습니다.

U7-15-1 ①

在卡拉OK消除压力。
[Zài kǎlā OK xiāochú yālì.]
노래방에서 스트레스를 해소합니다.

● 在 [zài] ~에서　　● 消除 [xiāochú] 해소하다
● 心灵 [xīnlíng] 정신　● 压力 [yālì] 압력/스트레스

▶ '스트레스'는 **(心灵的)压力** (심령의 압력)이라고 합니다.

UNIT 7
15

●大家的前进汉语量无限增加。

U7-15-2

我最喜欢Bigbang的歌儿。
[Wǒ zuì xǐhuan Bigbang de gēr.]
나는 Bigbang의 노래를 가장 좋아합니다.

● 最 [zuì] 가장　　● 喜欢 [xǐhuan] 좋아하다　　● 歌儿 [gēr] 노래

▶ '나는 뭐뭐를 제일 좋아한다.' 我最喜欢~。[Wǒ zuì xǐhuan~.] 문형입니다.

U7-15-3

他疯狂地唱歌儿。
[Tā fēngkuángde chànggēr.]
그는 미친 듯이 노래 부릅니다.

● 疯狂地 [fēngkuángde] 미친 듯이　　● 唱歌儿 [chànggēr] 노래하다

▶ 형용사 (疯狂) 다음에 地 [de] 가 와서 '~하게' 疯狂地 [fēngkuángde] (미친 듯이)라는 뜻의 부사어가 됩니다.

U7-15-4

我们都一起跳舞、唱歌儿。
[Wǒmen dōu yìqǐ tiàowǔ, chànggēr.]
우리 모두 함께 춤추고 노래합니다.

● 都 [dōu] 모두　　● 一起 [yìqǐ] 함께　　● 跳舞 [tiàowǔ] 춤추다

Practical, **Useful** and
Easy-To-Understand Lessons!

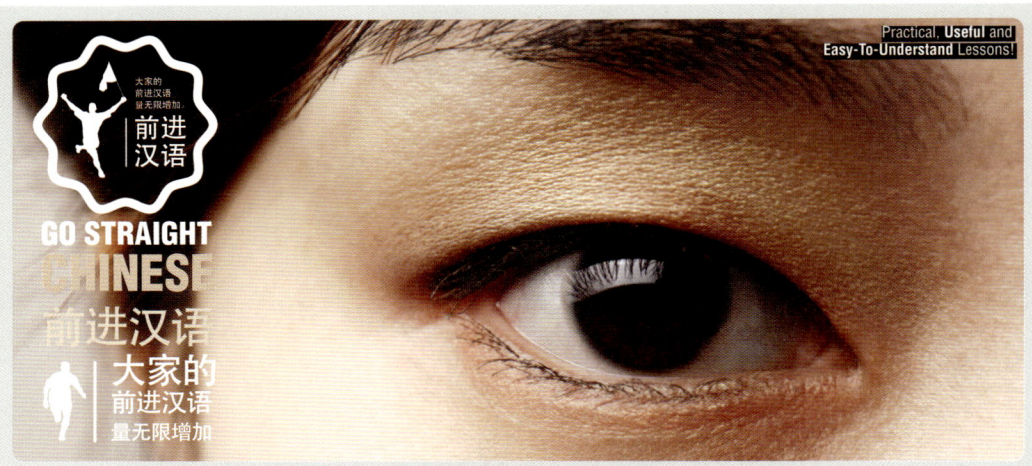

Practical, **Useful** and
Easy-To-Understand Lessons!

GO STRAIGHT
CHINESE
前进汉语
大家的
前进汉语
量无限增加

716. 나는 그녀를 사랑합니다.

U7-16-0

我爱她。
[Wǒ ài tā.] 나는 그녀를 사랑합니다.

● 爱 [ài] 사랑하다

자! 그러면 사랑할 때의
베스트 표현 4가지를 만나보겠습니다.

U7-16-1

我有了情人。
[Wǒ yǒule qíngrén.]
나에게 애인이 생겼습니다.

● 有 [yǒu] 있다   ● 情人 [qíngrén] 애인

▶ 有 [yǒu] (있다)에 了 [le] 가 붙어 완료의 의미가 되었습니다.
'있게 되었다', 즉 '생겼다'라는 뜻이 됩니다.
우리말과 달리 '애인' 爱人 [àirén] 은 대개 결혼한 사이를 말합니다.

UNIT 7 16

● 大家的前进汉语量无限增加。

2

U7-16-2

愿意重新谈恋爱。
[Yuànyi chóngxīn tán liànài.]
다시 사랑하고 싶습니다.

● 愿意 [yuànyi] ~원하다　　　● 重新 [chóngxīn] 다시
● 谈恋爱 [tán liànài] 사랑을 속삭이다

▶ 重新 [chóngxīn] 에서 重 [chóng] 은 '거듭'이라는 뜻이고,
新 [xīn] 은 '새로이' 라는 뜻의 부사어입니다. 重新谈恋爱
[chóngxīn tán liànài] 는 '거듭 새로이 사랑을 속삭인다'가 됩니다.

3

U7-16-3

现在愿意结婚。
[Xiànzài yuànyi jiéhūn.]
이제는 결혼하고 싶습니다.

● 现在 [xiànzài] 현재　　　● 结婚 [jiéhūn] 결혼하다

4

U7-16-4

我打算跟她结婚。
[Wǒ dǎsuàn gēn tā jiéhūn.]
나는 그녀와 결혼할 생각입니다.

● 跟 [gēn] ~와　　　● 打算 [dǎsuàn] ~하려고 하다

▶ 跟 [gēn] 은 '~와 (함께)'라는 뜻으로 동사 술어 (结婚) [jiéhūn] 의 앞에
위치합니다. 즉, 跟 [gēn] 은 전치사로서 명사를 동반하여 '그녀와 (함께)'라
는 뜻의 부사어가 됩니다. 打算 [dǎsuàn] 은 명사로는 '계획/타산'의 뜻이
지만 여기에서는 조동사로서 '~하려고 하다'는 뜻입니다.

* 이번 Unit 의 모든 단어를 정리했습니다.

UNIT 7 단어정리
중국어 본격 일상회화,
여러분의 일상을
중국어로 말하는 방법!

 701. 친구를 만납니다.

■ 见	[jiàn]	보다/만나다
■ 朋友	[péngyou]	친구
■ 是	[shì]	~이다
■ 脸谱	[liǎnpǔ]	페이스북
■ 上	[shang]	~에
■ 没有	[méiyǒu]	없다
■ 我	[wǒ]	나
■ 现在	[xiànzài]	지금
■ 需要	[xūyào]	필요하다
■ 想	[xiǎng]	~하고 싶다

 702. 전화를 겁니다.

■ 打	[dǎ]	걸다
■ 电话	[diànhuà]	전화
■ 给	[gěi]	~에게 (~해주다)
■ 不	[bù]	~않다
■ 接	[jiē]	받다
■ 打错	[dǎcuò]	잘못 걸다
■ 了	[le]	완료를 나타내는 조사
■ 号码	[hàomǎ]	번호
■ 对	[duì]	맞다
■ 告诉	[gàosu]	알리다
■ 手机	[shǒujī]	핸드폰
■ 知道	[zhīdao]	알다

 703. 대화를 나눕니다.

■ 聊	[liáo]	이야기하다
■ 天	[tiān]	하늘
■ 干	[gàn]	하다
■ 什么	[shénme]	무엇
■ 现在	[xiànzài]	지금
■ 工作	[gōngzuò]	일하다
■ 忙	[máng]	바쁘다
■ 没	[méi]	없다
■ 事儿	[shìr]	일
■ 什么都不~	[shénme dōu bù~]	
		아무것도 ~않다

我们	[wǒmen]	우리	
见面	[jiànmiàn]	만나다	
吧	[ba]	~하자	
那	[nà]	그것/그렇다면	
好	[hǎo]	좋다	

准备	[zhǔnbèi]	준비하다/~하려고 하다
洗澡	[xǐzǎo]	샤워하다
了	[le]	완료의 조사
换	[huàn]	바꾸다
衣服	[yīfu]	옷
打扮	[dǎban]	화장하다
提包	[tíbāo]	가방을 들다

 ## 704. 약속을 정합니다.

约定	[yuēdìng]	약속하다
有	[yǒu]	있다
空儿	[kòngr]	여가/여유
见面	[jiànmiàn]	만나다
吧	[ba]	~하자
哪儿	[nǎr]	어디
什么时候	[shénme shíhou]	언제
明天	[míngtiān]	내일
十二	[shíèr]	12
点	[diǎn]	시
在	[zài]	~에서
弘大	[Hóngdà]	홍대
去	[qù]	가다
来	[lái]	오다
你那儿	[nǐ nàr]	너 있는 거기

 ## 706. 지하철을 탑니다.

坐	[zuò]	타다
地铁	[dìtiě]	지하철
每天	[měitiān]	매일
早上	[zǎoshang]	아침
巴士	[bāshì]	버스
的士	[dīshì]	택시
飞机	[fēijī]	비행기
摩托车	[mótuōchē]	오토바이
自行车	[zìxíngchē]	자전거
里面	[lǐmiàn]	안/속
多	[duō]	많다
应该	[yīnggāi]	~해야 한다
换	[huàn]	바꾸다
地铁	[dìtiě]	지하철
路上	[lùshang]	도로/길
总是	[zǒngshì]	언제나
堵车	[dǔchē]	차가 막히다

 ## 705. 외출합니다.

出门	[chūmén]	외출하다

707. 커피숍에 갑니다.

去	[qù]	가다
咖啡厅	[kāfēitīng]	커피숍
在	[zài]	~에서
星巴克	[Xīngbākè]	스타벅스
见面	[jiànmiàn]	만나다
香草拿铁	[xiāngcǎonátiě]	바닐라라떼
好喝	[hǎohē]	(마실 것이) 맛있다
想	[xiǎng]	~하려 한다
要	[yào]	원하다
两杯	[liǎng bēi]	2잔
美式咖啡	[měishì kāfēi]	아메리카노
带走	[dàizǒu]	가지고 가다
的	[de]	~인 것
请	[qǐng]	요청하다
包装	[bāozhuāng]	포장하다
一下	[yíxià]	좀 ~하다

708. 차를 마십니다.

喝	[hē]	마시다
茶	[chá]	차
水	[shuǐ]	물
酒	[jiǔ]	술
咖啡	[kāfēi]	커피
牛奶	[niúnǎi]	우유
可可茶	[kěkěchá]	코코아차

想	[xiǎng]	~하고 싶다
橘子汁	[júzizhī]	오렌지 주스
还	[hái]	더/역시
什么	[shénme]	무엇/무슨
喝的	[hēde]	마실 것
会	[huì]	~할 수 있다
不会	[bú huì]	~ 못한다

709. 식사를 합니다.

吃	[chī]	먹다
饭	[fàn]	밥
喜欢	[xǐhuan]	좋아하다
菜	[cài]	요리
炒打糕	[chǎodǎgāo]	떡볶이
烤肉	[kǎoròu]	불고기
最	[zuì]	가장
法国	[Fǎguó]	프랑스
意大利	[Yìdàlì]	이태리
西班牙	[Xībānyá]	스페인
德国	[Déguó]	독일
什么	[shénme]	무엇
都	[dōu]	모두
爱	[ài]	좋아하다
吃	[chī]	먹다
吃饱	[chī bǎo]	배부르게 먹다
了	[le]	~하였다

710. 물건을 삽니다.

买	[mǎi]	사다
东西	[dōngxi]	물건
件	[jiàn]	옷을 세는 단위
衣服	[yīfu]	옷
多少钱	[duōshao qián]	얼마냐
请	[qǐng]	~해주세요
便宜	[piányi]	싸다
一点儿	[yìdiǎnr]	조금/약간
可以	[kěyǐ]	~할 수 있다
退钱	[tuìqián]	환불하다
是	[shì]	~이다
爱好	[àihào]	취미
购物	[gòuwù]	쇼핑
减肥	[jiǎnféi]	다이어트

711. 공연 감상을 좋아합니다.

听戏	[tīngxì]	전통극을 감상하다
经常	[jīngcháng]	자주
看戏	[kànxì]	공연을 보다
网上	[wǎngshàng]	인터넷
预买	[yùmǎi]	예매하다
演出票	[yǎnchūpiào]	공연표
大学路	[Dàxuélù]	대학로
话剧	[huàjù]	연극
最近	[zuìjìn]	최근

音乐剧	[yīnyuèjù]	뮤지컬
很	[hěn]	매우
受欢迎	[shòu huānying]	인기 있다

712. 드라이브를 갑니다.

兜	[dōu]	둘러싸다
风	[fēng]	바람
会	[huì]	~할 줄 안다
开车	[kāichē]	운전하다
没有	[méiyǒu]	없다
驾驶证	[jiàshǐzhèng]	운전면허증
驾照	[jiàzhào]	운전면허증
拿到	[nádào]	손에 넣다
给	[gěi]	~에게
汽车	[qìchē]	자동차
加油	[jiāyóu]	주유하다
郊外	[jiāowài]	교외

713. 클럽에 갑니다.

夜总会	[yèzǒnghuì]	나이트클럽
跳舞	[tiàowǔ]	춤을 추다
在	[zài]	~에서
只是	[zhǐshì]	오직/만
喝酒	[hējiǔ]	술을 마시다
酒鬼	[jiǔguǐ]	술고래

- 海量 [hǎiliàng]　술고래
- 交 [jiāo]　사귀다
- 异性朋友 [yìxìng péngyou]　이성친구

- 一起 [yìqǐ]　함께
- 跳舞 [tiàowǔ]　춤추다

 714. 야식을 먹습니다.

- 夜餐 [yècān]　야식
- 有点儿 [yǒudiǎnr]　약간/좀/다소
- 饿 [è]　배고프다
- 零食 [língshí]　간식
- 预订 [yùdìng]　주문하다/예약하다
- 送 [sòng]　보내다
- 还是 [háishì]　역시 ~이다
- 方便面 [fāngbiànmiàn]　라면

 716. 나는 그녀를 사랑합니다.

- 爱 [ài]　사랑하다
- 有 [yǒu]　있다
- 情人 [qíngrén]　애인
- 愿意 [yuànyi]　~원하다
- 重新 [chóngxīn]　다시
- 谈恋爱 [tán liànài]　사랑을 속삭이다
- 现在 [xiànzài]　현재
- 结婚 [jiéhūn]　결혼하다
- 跟 [gēn]　~와
- 打算 [dǎsuàn]　~하려고 하다

715. 노래방에 갑니다.

- 卡拉OK [kǎlā OK]　노래방
- 在 [zài]　~에서
- 消除 [xiāochú]　해소하다
- 心灵 [xīnlíng]　정신
- 压力 [yālì]　압력/스트레스
- 最 [zuì]　가장
- 喜欢 [xǐhuan]　좋아하다
- 歌儿 [gēr]　노래
- 疯狂地 [fēngkuángde]　미친 듯이
- 唱歌儿 [chànggēr]　노래하다
- 都 [dōu]　모두

GO STRAIGHT
CHINESE

前进汉语
大家的
前进汉语
量无限增加

路上总是堵车。 →

UNIT
8

Practical, **Useful** and
Easy-To-Understand Lessons!

UNIT 8
중국어 어순 완전해결 연구소!

UNIT 8의 결정적 특징!

중국어는 무엇보다도 어순이 중요합니다.
같은 글자가 다른 위치에서
다른 품사가 되고 다른 의미로 쓰이는 것이
중국어의 결정적인 특징입니다.

중국어의 다양한 어순을 안다는 것은
곧바로 여러분의 중국어 실력이
그만큼 좋다는 뜻이기도 합니다. ^0^

자! 그러면 본격적으로 시작해보실까요?

UNIT 8's CONTENTS

大家的前进汉语量无限增加。

Practical, **Useful** and
Easy-To-Understand Lessons!

801. 중국어의 핵심 어순

 그(는) 주어　+　 본다 술어　+　 영화(를). 목적어.

중국어 어순의 가장 중요한 특징은 우리말과 달리
서술어가 문장 중간에 온다는 사실입니다.
이런 부분 때문에 중국어와 영어의 어순이 닮았다고 하기도 합니다.

1) 주어 + 술어.

중국어의 핵심 어순은 '주어 + 술어.'입니다.
이때 술어는 동사가 될 수도 있고(동사술어문),
형용사가 될 수도(형용사술어문) 있습니다.

- 他 [tā] 그
- 很 [hěn] 매우
- 看 [kàn] 보다
- 高兴 [gāoxìng] 즐겁다

주어 + 술어(동사).

他 + 看。
[Tā　kàn.]
U8-01-1　그(는) + 본다.　(동사술어문)

주어 + (부사) + 술어(형용사).

他 + 很 + 高兴。
[Tā　hěn　gāoxìng.]
U8-01-2　그(는) + 즐겁다.　(형용사술어문)

술어가 형용사일 경우에는 보통 很 [hěn] (매우 : 부사)를 넣습니다만,
따로 해석하지는 않습니다. 일종의 언어습관으로 이해하시면 되겠습니다.

UNIT 8
01

2) 주어 + 술어 + 목적어.

'주어 + 술어 + 목적어.'는 중국어 문장의 가장 기본적인 어순 중 하나이며,
바로 이런 어순으로부터 문장을 길게 만들 수 있게 됩니다.
문장을 좀 더 풍성하게 만들 때 필요한 것이 '수식어'입니다.
수식어란 꾸며주는 말이며, 기본적으로 주어와 목적어가 수식어를 동반할
수 있습니다. 때문에 다음과 같은 어순으로 문장을 확장할 수 있습니다.

- 悲哀 [bēiāi] 슬프다　　　　● 她 [tā] 그녀
- 可笑 [kěxiào] 우습다　　　　● 喜剧 [xǐjù] 코미디

수식어 + 주어 + 술어 + 수식어 + 목적어.

悲哀的 + 她 + 看 + 可笑的 + 喜剧。
[Bēiāi de   tā   kàn   kěxiào de   xǐjù.]

U8-01-3　　슬픈 + 그녀(는) + 본다 + 우스운 + 코미디(를).

3) 주어 + 부사어 + 술어.

'주어 + 부사어 + 술어.' 역시 기본이 되는 어순으로 술어를 수식하는
부사어는 술어의 바로 앞에 위치합니다.
부사는 동사나 형용사 술어 앞에서 시간, 장소, 상태 등을 나타냅니다.

- 高兴 [gāoxìng] 기쁘다　　● 非常 [fēicháng] 매우

주어 + 부사어 + 술어.

我 + 非常 + 高兴。
[Wǒ fēicháng gāoxìng.]

U8-01-4　　나(는) + 매우 + 기쁘다.

802. 중국어 어순 7가지 기본 패턴! (1)

중국어의 어순을 대표적인 기본 패턴 8가지로 정리했습니다.
우리에게 익숙한 영화제목을 예문으로 만들어 중국어 어순이 좀 더 친숙해
지도록 했습니다. 영화제목으로 해결하는 중국어 어순 패턴이 되겠습니다.

1) 기본 패턴 : 주어 + 술어.

첫 번째 기본패턴은 '주어+술어.'의 가장 간단한 형태입니다.
대표적으로 다음의 3가지 형태가 있습니다.
술어 자리에는 동사나 형용사가 옵니다.

a) 주어 + 동사술어. (동사술어문)

● 狗 [gǒu] 개　　　　● 跑 [pǎo] 달리다

狗 跑。
[Gǒu pǎo.]
개 달리다.

U8-02-1

b) 주어 + 형용사술어. (형용사술어문)

● 人生 [rénshēng] 인생　　● 美丽 [měilì] 아름답다

人生 美丽。
[Rénshēng měilì.]
인생은 아름다워.

U8-02-2

● 大家的前进汉语量无限增加。

c) 주어 + 是 + 명사.

'~이다'의 뜻인 **是** [shì] 가 술어로 쓰인 경우입니다.
이때의 명사는 문장에서 영어의 보어와 역할을 합니다.
'A+是+B.' 는 'A=B.'입니다.

● 这 [zhè] 이것   ● 是 [shì] ~이다   ● 法 [fǎ] 법

这 是 法。
[Zhè shì fǎ.]

U8-02-3   이것이 법이다.

803. 중국어 어순 7가지 기본 패턴! (2)

중국어의 어순을 대표적인 기본 패턴 8가지로 정리했습니다.
우리에게 익숙한 영화제목을 예문으로 만들어 중국어 어순이 좀 더 친숙해
지도록 했습니다. 영화제목으로 해결하는 중국어 어순 패턴이 되겠습니다.

 2) 기본 패턴 : 주어 + 술어 + 목적어.

목적어는 기본적으로 동사 다음에 위치합니다.
목적어를 동반하는 경우는 다음의 2가지 패턴이 대표적입니다.

a) 주어 + 술어 + 목적어.

목적어는 기본적으로 동사 다음에서 동작의 대상, 발생의 결과,
또는 동작이 도달하는 장소 등을 나타냅니다.
그런데 목적어가 종종 강조나 대비를 위해서
문장의 앞에 위치하기도 합니다.

- 西班牙 [Xībānyá] 스페인
- 问题 [wèntí] 문제
- 爱 [ài] 사랑하다
- 知道 [zhīdao] 알다

 **西班牙 爱 你。**
[Xībānyá ài nǐ.]
스페인은 당신을 사랑해.

U8-03-1

U8-03-2

这个问题 我 知道。
[Zhège wèntí wǒ zhīdao.]
이 문제를 나는 압니다.

b) (주어) + 술어 + 간접목적어 + 직접목적어.

목적어가 2개가 나오는 경우입니다.
간접목적어(너에게)와 직접목적어(나를)가 같이 나올 때는
간접목적어를 먼저 써줍니다.

● 送 [sòng] 보내다　　● 爱心 [àixīn] 사랑

U8-03-3

送 你 我的爱心。
[Sòng nǐ wǒ de àixīn.]
너에게 나의 사랑을 보낸다.

804. 중국어 어순 7가지 기본 패턴! (3)

중국어의 어순을 대표적인 기본 패턴 8가지로 정리했습니다.
우리에게 익숙한 영화제목을 예문으로 만들어 중국어 어순이 좀 더 친숙해
지도록 했습니다. 영화제목으로 해결하는 중국어 어순 패턴이 되겠습니다.

3) 기본 패턴 : 주어 + 부사어 + 술어.

술어를 수식하는 부사어는 술어 앞에 위치합니다.
'주어 + 부사어 + 술어.' 어순 문형에는
다음의 대표적인 2가지 패턴이 있습니다.

a) 주어 + 부사어 + 술어 + 목적어.

중국어는 동사술어 다음에 나오는 명사를 목적어라고 합니다. 그런데 경우
에 따라서 강조하기 위해 목적어가 문장의 앞에 올 수도 있습니다.

慢慢 [mànmàn] 은 '느리다' 라는 뜻의 형용사로서 원래는 慢 [màn] 한 글
자만으로도 부사어가 될 수 있는데, 두 번 반복함으로써 그 정도가 강해지기
도 합니다. 그리고 慢慢 에 地 [de] 를 첨가하여 慢慢地 [mànmànde] 로
쓰기도 합니다.

- 不安 [bùān] 불안
- 蚕食 [cánshí] 잠식하다
- 慢慢 [mànmàn] 서서히
- 灵魂 [línghún] 영혼

不安 慢慢 蚕食 灵魂。
[Bùān mànmàn cánshí línghún.]

U8-04-1

불안은 영혼을 서서히 잠식한다.

 →  →  →  →

● 大家的前进汉语量无限增加。

b) 주어 + (의문)부사어 + 술어 + 목적어.

의문부사 역시 다른 부사어와 마찬가지로 술어 앞에 위치합니다.

● 为什么 [wèishénme] 왜   ● 家 [jiā] 집

U8-04-2

你为什么来我家?
[Nǐ wèishénme lái wǒ jiā?]
너는 우리 집에 왜 왔니?

Practical, **Useful** and
Easy-To-Understand Lessons!

805. 중국어 어순 마무리 실전연습!

실전작문을 통해 중국어 어순 학습을 마무리 해보겠습니다.
어순패턴을 활용하여 영화제목을 중국어로 작문해보겠습니다.

①

'내 아내가 결혼했다.'는
'아내가 결혼했다'의 기본구조에 '나의'라는 수식어가 붙은 문장입니다.

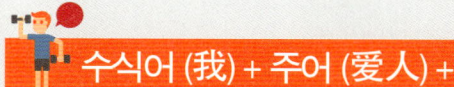

수식어 (我) + 주어 (爱人) + 술어 (结婚了).

- 爱人 [àirén] 배우자 (남편 또는 아내)
- 了 [le] ~하게 되었다 (완료의 의미를 나타내는 조사)
- 结婚 [jiéhūn] 결혼하다

我爱人结婚了。
[Wǒ àirén jiéhūn le.]

U8-05-01 내 아내가 결혼했다.

②

'벤자민 버튼의 시계는 거꾸로 간다.'는
'시계는 거꾸로 간다'에 주어 수식어가(벤자민 버튼의) 붙은 형태입니다.

수식어 (本杰明伯顿) + 的 + 주어 (钟表) + 술어 (倒着走).

UNIT 8
05

前进
汉语

● 大家的前进汉语量无限增加。

- 本杰明伯顿 [Běnjiémíng Bódùn] 벤자민 버튼
- 钟表 [zhōngbiǎo] 시계
- 倒着走 [dàozhe zǒu] 거꾸로 가다

- 的 [de] ~의

U8-05-02

本杰明伯顿的钟表倒着走。
[Běnjiémíng Bódùn de zhōngbiǎo dàozhe zǒu.]
벤자민 버튼의 시계는 거꾸로 간다.

'우리가 정말 사랑했을까?'는 의문문입니다.
부사어(정말로)는 술어 앞에 위치합니다.

주어 (我们) + 부사어 (真正地) + 술어 (谈) + 목적어 (恋爱了) + 어기조사 (了 吗)?

- 们 [men] ~들
- 谈恋爱 [tán liànài] 연애하다

- 真正地 [zhēnzhèngde] 정말
- ~吗 [ma] ~까? (의문을 나타내는 조사)

U8-05-03

我们真正地谈恋爱了吗?
[Wǒmen zhēnzhèngde tán liànài le ma?]
우리가 정말 사랑했을까?

Practical, **Useful** and
Easy-To-Understand Lessons!

4

'나는 죽음을 사랑한다.'는
목적어를 동반하는 기본적인 형식의 문장입니다.

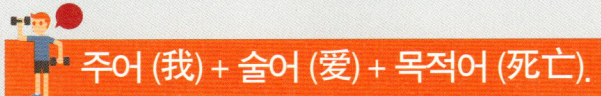

주어 (我) + 술어 (爱) + 목적어 (死亡).

● 爱 [ài] 사랑하다　　　● 死亡 [sǐwáng] 죽음

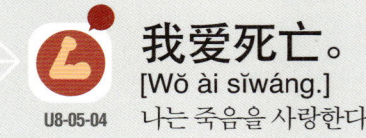

我爱死亡。
[Wǒ ài sǐwáng.]
U8-05-04　나는 죽음을 사랑한다.

5

'세상의 중심에 서서 사랑을 외치다.'는
'세상의 중심에 서다'와 '사랑을 외치다' 2개의 문장이 병렬로
연결된 형태입니다.

술어 (站在) + 목적어 (世界的中心), 술어 (喊叫) + 목적어 (爱情).

● 站在 [zhànzài] 서 있다 (이때 在 (존재하다)는 站 (서다)한 결과를 보충 설명하는 결과보어
로서 우리말로는 '서다+있다' 형식의 복합어와 유사함)
● 世界 [shìjiè] 세상　　　● 中心 [zhōngxīn] 중심
● 喊叫 [hǎnjiào] 외치다　　● 爱情 [àiqíng] 사랑

站在世界的中心, 喊叫爱情。
[Zhànzài shìjiè de zhōngxīn, hǎnjiào àiqíng.]
U8-05-05　세상의 중심에 서서 사랑을 외치다.

Practical, Useful and
Easy-To-Understand Lessons!

UNIT 8 05

● 大家的前进汉语量无限增加。

⑥

'나는 누가 나를 죽였는지 알고 있다.'는
'나는 안다'에 '누가 나를 죽였다'라는 목적절을 가진 구조입니다.

 주어 (我)+ 술어 (知道) + 목적절 (주어 (谁)+술어 (杀)+목적어 (我)).

● 知道 [zhīdao] 알다　　● 谁 [shéi] 누구　　● 杀 [shā] 죽이다

我知道谁杀我。

[Wǒ zhīdao shéi shā wǒ.]

U8-05-06　나는 누가 나를 죽였는지 알고 있다.

⑦

'노인을 위한 나라는 없다.' 는 일종의 '무주어문'입니다.
이 문장은 世界上没有为老人服务的国家。[Shìjiè shàng méi yǒu
wèi lǎorén fúwù de guójiā.] (세상에는 노인을 위한 나라는 없다.)에서
世界上 [shìjiè shàng] (세상에는)이 생략된 것으로 무주어문은 자연현상
이나 주어가 특정하지 않은 경우에 씁니다.

 술어 (没有) + 목적어 (수식어 (为老人服务) + 的 + 명사 (国家)).

● 没有 [méi yǒu] 없다　　● 为 [wèi] ~위하여 (전치사로서 영어의 for 와 같음)
● 老人 [lǎorén] 노인　　● 服务 [fúwù] 봉사하다　　● 国家 [guójiā] 국가

没有为老人服务的国家。

[Méi yǒu wèi lǎorén fúwù de guójiā.]

U8-05-07　노인을 위한 나라는 없다.

Practical, **Useful** and
Easy-To-Understand Lessons!

❽

'네 이웃의 남자를 사랑하라.'는 명령문입니다.
명령문은 문장 끝에 명령을 나타내는 어기조사 吧 [ba] 를 써주면 됩니다.
동사 恋爱 [liànài] 은 일반적으로 목적어를 취하지 않기 때문에 '~와'의
뜻인 전치사 跟 [gēn] 을 써서 부사어로 만들어 '~와 연애하다'라는
형식으로 만듭니다.

부사어 (跟邻居的男子) + 술어 (恋爱) + 어기조사 (吧).

- 跟 [gēn] ~와 (전치사)
- 邻居 [línjū] 이웃
- 男子 [nánzi] 남자
- 恋爱 [liànài] 사랑하다
- 吧 [ba] ~해라 (명령의 어감을 나타내는 조사)

跟邻居的男子恋爱吧。
[Gēn línjū de nánzi liànài ba.]
U8-05-08 이웃의 남자와 사랑하라.

❾

'남자 친구에게 10일 안에 차이는 법'은
수식어가 '부사어+술어+목적어'의 형식으로서 동사는 遭 (당하다)이고,
목적어는 男朋友拒绝 (남자친구의 거절)로서 '남자친구의 거절을 당하다'
이며, 이것이 다음에 나오는 명사(法子) 를 수식하는 형태입니다.
그러므로 이것은 문장이 아니라 구의 형식입니다.

수식어 (부사어 (十天以内) + 술어 (遭) + 목적어 (男朋友拒绝)) + 的 + 명사 (法子).

- 十天 [shí tiān] 10일
- 以内 [yǐnèi] 이내
- 遭 [zāo] 당하다
- 男朋友 [nán péngyou] 남자 친구
- 拒绝 [jùjué] 거절
- 法子 [fǎzi] 방법

十天以内遭男朋友拒绝的法子。
[Shí tiān yǐnèi zāo nán péngyou jùjué de fǎzi.]
U8-05-09 남자 친구에게 10일 안에 차이는 법

UNIT 8
05

● 大家的前进汉语量无限增加。

⑩

마지막 문장은 가장 긴 영화 제목으로 준비했습니다.
'나는 아직도 네가 지난 여름에 한 일을 알고 있다.'는 '나는 ~을 알고 있다.'
라는 골격에 각각의 수식어들이 붙은 형태입니다.

주어 (我) + 부사어 (还) + 술어 (知道) + 목적절 (주어 (你)
+ 부사어 (上个夏天) + 술어 (做) + 的 + 명사 (事)).

- 还 [hái] 아직
- 上个 [shàngge] 지난번
- 做 [zuò] 하다
- 事 [shì] 일
- 知道 [zhīdao] 알다
- 夏天 [xiàtiān] 여름
- 的 [de] ~하는

我还知道你上个夏天做的事。
[Wǒ hái zhīdao nǐ shàngge xiàtiān zuò de shì.]

U8-05-10 나는 아직도 네가 지난 여름에 한 일을 알고 있다.

* 이번 Unit 의 모든 단어를 정리했습니다.

UNIT 8 단어정리
중국어 어순
완전해결 연구소!

 801. 중국어의 핵심 어순

他	[tā]	그
看	[kàn]	보다
很	[hěn]	매우
高兴	[gāoxìng]	즐겁다
悲哀	[bēiāi]	슬프다
她	[tā]	그녀
可笑	[kěxiào]	우습다
喜剧	[xǐjù]	코미디
高兴	[gāoxìng]	기쁘다
非常	[fēicháng]	매우

 802. 중국어 어순 8가지 기본 패턴! (1)

狗	[gǒu]	개
跑	[pǎo]	달리다
人生	[rénshēng]	인생
美丽	[měilì]	아름답다
这	[zhè]	이것
是	[shì]	~이다
法	[fǎ]	법

 803. 중국어 어순 8가지 기본 패턴! (2)

西班牙	[Xībānyá]	스페인
爱	[ài]	사랑하다
问题	[wèntí]	문제
知道	[zhīdao]	알다
送	[sòng]	보내다
爱心	[àixīn]	사랑

 804. 중국어 어순 8가지 기본 패턴! (3)

一个	[yíge]	하나
都	[dōu]	~도/모두
不能	[bù néng]	~할 수 없다
少	[shǎo]	모자라다
为什么	[wèishénme]	왜
家	[jiā]	집

■ 不安	[bù'ān]	불안
■ 慢慢	[mànmàn]	서서히
■ 蚕食	[cánshí]	잠식하다
■ 灵魂	[línghún]	영혼

 805. 중국어 어순 마무리 실전연습!

■ 爱人	[àirén]	배우자
■ 结婚	[jiéhūn]	결혼하다
■ 了	[le]	~하게 되었다
■ 本杰明伯顿	[Běnjiémíng Bódùn]	벤자민 버튼
■ 的	[de]	~의
■ 钟表	[zhōngbiǎo]	시계
■ 倒着走	[dàozhe zǒu]	거꾸로 가다
■ 们	[men]	~들
■ 真正地	[zhēnzhèngde]	정말
■ 谈恋爱	[tán liànài]	연애하다
■ ~吗	[ma]	~까?
■ 爱	[ài]	사랑하다
■ 死亡	[sǐwáng]	죽음
■ 站在	[zhàn zài]	서 있다
■ 世界	[shìjiè]	세상
■ 中心	[zhōngxīn]	중심
■ 喊叫	[hǎnjiào]	외치다
■ 爱情	[àiqíng]	사랑
■ 知道	[zhīdao]	알다
■ 谁	[shéi]	누구

■ 杀	[shā]	죽이다
■ 没有	[méi yǒu]	없다
■ 为	[wèi]	~위하여
■ 老人	[lǎorén]	노인
■ 服务	[fúwù]	봉사하다
■ 国家	[guójiā]	국가
■ 跟	[gēn]	~와
■ 邻居	[línjū]	이웃
■ 男子	[nánzi]	남자
■ 恋爱	[liànài]	사랑하다
■ 吧	[ba]	~해라
■ 十天	[shí tiān]	10일
■ 以内	[yǐnèi]	이내
■ 遭	[zāo]	당하다
■ 男朋友	[nán péngyou]	남자 친구
■ 拒绝	[jùjué]	거절
■ 法子	[fǎzi]	방법
■ 还	[hái]	아직
■ 知道	[zhīdao]	알다
■ 上个	[shàngge]	지난번
■ 夏天	[xiàtiān]	여름
■ 做	[zuò]	하다
■ 的	[de]	~하는
■ 事	[shì]	일

UNIT
9

Practical, **Useful** and
Easy-To-Understand Lessons!

UNIT 9

중국어 초간단 발음법!

UNIT 9의 결정적 특징!

중국어 학습법은 단어 각각의 성조보다는
문장으로 말할 때의 자연스러움이 더욱 중요합니다.
성조나 개개의 발음에 너무 신경 쓰지 마시고,
하나의 문장을 통해
자연스러운 억양을 익히는 것이 중요합니다.

사실 중국어 학습은 발음법을 다 배우고
시작하는 것보다 표현을 배우면서
발음과 억양을 익히는 것이
더 좋을 수도 있습니다.

이번 Unit 은 최대한 가볍게 읽고 넘어가 주십시오~!

자! 그러면 본격적으로 시작해보실까요?

UNIT 9's CONTENTS

901. 중국어의 성조

중국어 한자 각각의 소리를 알파벳으로 표시한 것을
'한어병음' (汉语拼音) [Hànyǔ pīnyīn] [한위핀인]이라고 합니다.

한어병음은 소리뿐만 아니라 '성조' (声调) [shēngdiào] [썽띠아오]도
표시합니다. 성조는 중국어의 악센트로서 '음의 높고 낮음'을 말합니다.
중국어 특유의 독특한 어조는 바로 성조에 의해 만들어집니다.

중국어의 성조는 4가지가 있으며, 각각의 기호로 표시됩니다.
아무런 성조 표시가 없는 모음은 가볍게 살짝 읽으면 되며,
이런 음은 '경성' (轻声) [qīngshēng] [썽띠아오]이라고 합니다.

❶ 제1성 : ā　제1성은 높은 음으로 평평하게 발음합니다.

❷ 제2성 : á　제2성은 중간 정도의 음 높이에서 살짝 높게 올리며 발음합니다.

❸ 제3성 : ǎ　제3성은 조금 낮은 음에서 시작하여 더 낮게 내렸다가
보통보다 조금 높게 올려서 발음합니다.

❹ 제4성 : à　제4성은 음을 갑자기 뚝 떨어뜨려서 발음합니다.

U9-1-01　ā ā ā　á á á　ǎ ǎ ǎ　à à à

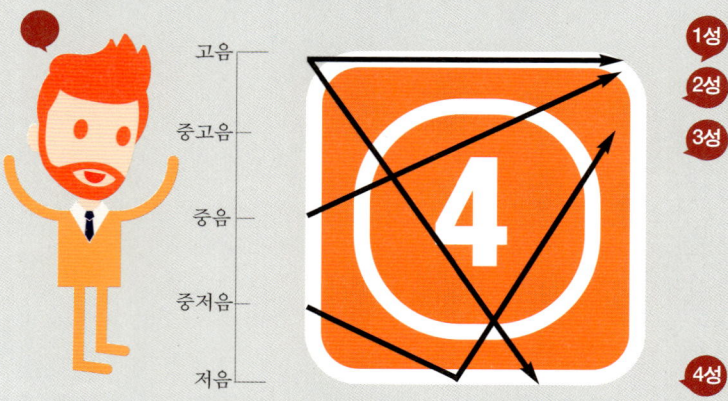

UNIT 9
01

● 大家的前进汉语量无限增加。

902. 중국어의 발음 (1) 운모

중국어는 우리말의 자음 (子音)에 해당하는 '성모' (声母) [shēngmǔ]
[셩무]와 모음 (母音)에 해당되는 '운모' (韵母) [yùnmǔ] [윈무]로
소리를 만듭니다.

중국어의 기본 운모는 6가지이고, 성모는 21가지 그리고
복운모(13가지)와 비운모(16가지)가 있습니다.
사실상 6운모와 21성모로 소리를 낸다고 보시면 됩니다.

그리고 운모(모음)는 '단운모'와 '복운모'로 나눌 수 있습니다.
단운모는 a, e, i, o, u, ü 6개입니다.
그리고 복운모는 단운모를 서로 조합한 것입니다.

중국어의 기본 운모는 a, e, i, o, u, ü 6가지입니다.

(우리말 발음 표시는 비교를 위해 편의상 기재했습니다.
반드시 MP3 청취자료로 정확한 발음을 연습하여 주십시오.)

a [아 - 입을 크게 벌려서 [아 합니다.

U9-2-01	[ā]	啊	1성 [아	놀람을 나타내는 감탄사
U9-2-02	[á]	啊	2성 [아	반문을 나타내는 감탄사
U9-2-03	[ǎ]	啊	3성 [아	의혹을 나타내는 감탄사
U9-2-04	[à]	啊	4성 [아	깜짝 놀람을 나타내는 감탄사

② e[으어] - [으]에서 [에]로 하나의 소리로 발음합니다.

U9-2-05	[ē] 婀	1성 [으어]	아름답다
U9-2-06	[é] 额	2성 [으어]	이마
U9-2-07	[ě] 恶	3성 [으어]	성내다
U9-2-08	[è] 饿	4성 [으어]	배고프다

③ i[이] - 입을 모아 [이] 하시면 됩니다.
i 음이 단어의 맨 처음에 나올 때에는 반모음 y 를 첨가하여 [yi] 로
표기하며 이때도 음은 역시 [이]입니다.

U9-2-09	[yī] 一	1성 [이]	하나/1
U9-2-10	[yí] 遗	2성 [이]	남기다
U9-2-11	[yǐ] 已	3성 [이]	그치다
U9-2-12	[yì] 益	4성 [이]	이롭다

④ o[오어] - 입술을 둥그렇게 모아서 [오] 하다가
풀면서 [에]로 하나의 소리로 냅니다.

U9-2-13	[ō] 噢	1성 [오어]	알았다거나 기억하고 있음을 나타내는 감탄사
U9-2-14	[ó] 哦	2성 [오어]	놀라거나 의심스러움을 나타내는 감탄사
U9-2-15	[ǒ] 嚄	3성 [오어]	놀람을 나타내는 감탄사
U9-2-16	[ò] 哦	4성 [오어]	어떤 상황인지를 깨달았을 때 쓰는 감탄사

⑤ u[우] - 입술을 살짝 내밀고 [우] 합니다.

UNIT 9
02

大家的前进汉语量无限增加。

u 음이 단어의 맨 처음에 나올 때에는 반모음 w 를 첨가하여
[wu] 로 표기하며 발음은 역시 [우]입니다.

U9-2-17	[wū]	污	1성 [우]	더럽다
U9-2-18	[wú]	无	2성 [우]	없다
U9-2-19	[wǔ]	五	3성 [우]	다섯/5
U9-2-20	[wù]	务	4성 [우]	일하다

ü [위] - 입술을 동그랗게 모으고 내밀면서 [위]라고
발음합니다. ü 음이 단어의 맨 처음에 나올 때에는 반모음 y 를 첨가하여
[yu] 로 표기하며 발음은 역시 [위]입니다.
u 위에 두 개의 점을 '움라우트'라고 부르는데,
이것이 붙는 것은 n 과 l 입니다.

U9-2-21	[yū]	淤	1성 [위]	진흙
U9-2-22	[yú]	鱼	2성 [위]	물고기
U9-2-23	[yǔ]	与	3성 [위]	주다
U9-2-24	[yù]	愈	4성 [위]	낫다

| U9-2-25 | [nǚ] | 女 | 3성 [뉘] | 여자 |
| U9-2-26 | [lǚ] | 旅 | 3성 [뤼] | 여행하다 |

*** 참고로 i, u, ü 가 단독으로 사용될 경우에는 yi, wu, yu 로 표기합니다. i, u, ü 를 yi, wu,
yu 로 표기하는 이유는 예를 들어 半音 (반음)이라는 단어를 [bànīn] 으로 표기할 경우 [빠닌]
으로 읽을 우려가 있어서, [bànyīn] 으로 쓰고, 발음을 [빤][인]으로 분절하여 읽을 수 있도록
하기 위해서입니다. 이렇게 중국어는 연음을 하지 않고 한 글자 한 글자를 정확하게 떼어서
읽어야 합니다.

903. 중국어의 발음 (2) 성모

중국어의 자음에 해당하는 '성모'는 21가지이며,
대부분이 우리와 이미 친숙한 상식적인 발음입니다.
살짝 다른 점이라면 b, d, g, j, x, z, s 는 제1성 혹은 제4성일 경우에
'된소리'로 발음된다는 것입니다.

(발음 연습을 위해 모음과 함께 병기하겠습니다.)

❶   b(o) [뽀]   p(o) [포]   m(o) [모]   f(o) [포]

U9-3-01	[bō]	波	[뽀]	파도
U9-3-02	[pō]	坡	[포]	언덕
U9-3-03	[mō]	摸	[모]	쓰다듬다
U9-3-04	[fó]	佛	[포]	부처

❷   d(e) [떠]   t(e) [터]   n(e) [너]   l(e) [러]

U9-3-05	[dé]	得	[더]	얻다
U9-3-06	[tè]	特	[터]	특별하다
U9-3-07	[ne]	呢	[너]	동작의 진행을 나타내는 조사
U9-3-08	[le]	了	[러]	동작이 이미 완료되었거나 변화가 있음을 나타내는 조사

❸   g(e) [꺼]   k(e) [커]   h(e) [허]

U9-3-09	[gē]	哥	[꺼]	형/오빠
U9-3-10	[kè]	客	[커]	손님
U9-3-11	[hē]	喝	[허]	마시다

UNIT 9
03

● 大家的前进汉语量无限增加。

4 j(i) [찌]   q(i) [치]   x(i) [씨]

*** qi [치]에서 q 는 [ㅋ]가 아니라 [ㅊ] 음입니다.

U9-3-12	[jī]	机	[찌]	기계
U9-3-13	[qī]	七	[치]	일곱/7
U9-3-14	[xī]	西	[씨]	서쪽

5 z(i) [찌]   c(i) [츠]   s(i) [씨]

*** z, c, s 다음에 붙는 i 는 [으]로 발음합니다.

U9-3-15	[zì]	字	[찌]	글자
U9-3-16	[cì]	刺	[츠]	찌르다
U9-3-17	[sì]	四	[씨]	넷/4

6 zh(i) [찌]   ch(i) [츠]   sh(i) [씨]   r(i) [르]

*** zh, ch, sh, r 다음에 붙는 i 는 [으]로 발음합니다. 그런데 zh, ch, sh, r 는 '권설음'(卷舌音)이라고 하여, 마치 영어의 r 발음처럼 입천장에 닿지 않게 혀를 말아서 소리를 냅니다.

U9-3-18	[zhī]	知	[찌]	알다
U9-3-19	[chī]	吃	[츠]	먹다
U9-3-20	[shì]	是	[씨]	옳다
U9-3-21	[rì]	日	[르]	태양

*** 중국어는 영어와 매우 가깝습니다. 우리말로는 구분하기 어려운 pine [파인]과 fine [파인], job [잡]과 zero [제로], rice [라이스]와 lice [라이스]의 발음이 존재하고, 권설음 r 도 있습니다. 뿐만 아니라 어순 역시 영어와 매우 흡사하기 때문에 중국인들이 영어를 보다 쉽게 배울 수 있습니다.

904. 중국어의 발음 (3) 복운모

'복운모'란 복모음이라는 뜻이며, 기본 모음 2개 이상으로 만들어진 것으로
13가지가 있습니다. (ai, ei, ao, ou, ia, ie, ua, uo, üe, iao, iou, uai,
uei) 이들 대부분은 우리가 상식적으로 알고 있는 알파벳 발음
그대로입니다. 단 몇 가지 예외적인 것만 주의하면 됩니다. 예를 들면
운모 e [으에가 다른 운모 즉, i, u, ü 와 결합되면 [에로 발음합니다.
그리고 기본적으로 운모 a, o, u 는 살짝 더 길게 읽어서 강조합니다.

① ai [아이] ei [에이] ao [아오] ou [오우]

U9-4-01	[ài]	爱	[아이]	사랑하다
U9-4-02	[èi]	诶	[에이]	사람을 부를 때 쓰는 감탄사
U9-4-03	[ào]	奥	[아오]	심오하다
U9-4-04	[ǒu]	偶	[오우]	짝을 이루다

② ia [이아] ie [이에] ua [우아] uo [우오] üe [위에]

* ia [이아나 ie [이에가 단어의 첫째 음절이 될 경우에는 ya, ye 로
표기하며, ua [우아나 uo [우오가 단어의 첫째 음절이 될 경우에는
wa, wo 로 표기합니다. 그리고 üe [위에가 단어의 첫째 음절이 될
경우에는 yue 로 표기합니다.

U9-4-05	[jiā]	家	[찌아]	집
U9-4-06	[jiē]	接	[찌에]	잇다
U9-4-07	[kuā]	夸	[쿠아]	자랑하다
U9-4-08	[guó]	国	[구오]	나라
U9-4-09	[yuè]	月	[위에]	달

  UNIT 9 04

● 大家的前进汉语量无限增加。

iao [이아오]　　iou [이오우]　　uai [우아이]　　uei [우에이]

*** iao [이아오]나 iou [이오우]가 단어의 첫째 음절이 될 경우에는 yao, you 로 표기하며,
uai [우아]나 uei [우에이]가 단어의 첫째 음절이 될 경우에는 wai, wei 로 표기합니다.

U9-4-10	[jiāo]	教	[찌아오]	가르치다
U9-4-11	[yǒu]	有	[이오우]	가지고 있다
U9-4-12	[guài]	怪	[꾸아이]	이상하다
U9-4-13	[wèi]	位	[우에이]	위치

*** 복운모는 1음절로 발음합니다. 家 [jiā] [찌애]나 教 [jiāo] [찌아오]처럼
2음절 혹은 3음절처럼 표기되어 있더라도 마치 1음절인 것처럼 발음합니다.

905. 중국어의 발음 (4) 비운모

비운모는 모음과 n(g) 가 결합하여 소리나는 비음(콧소리)입니다.
비운모는 모두 16가지가 있습니다. (an, ian, uan, üan, en, in, uen,
ün, ang, iang, uang, eng, ing, ueng, ong, iong)

① **an** [앤]   **ang** [앵]

| U9-5-01 | [ān] | 安 | [앤] | 편안하다 |
| U9-5-02 | [áng] | 昂 | [앙] | 높이 쳐들다 |

② **en** [언]   **eng** [엉]

| U9-5-03 | [ēn] | 恩 | [언] | 은혜 |
| U9-5-04 | [èng] | 嗯 | [엉] | 응 (감탄사) |

③ **ong** [옹]

| U9-5-05 | [dōng] | 东 | [똥] | 동녘 |
| U9-5-06 | [zōng] | 宗 | [쫑] | 받들다 |

④ **ian** [이앤]   **iang** [이앙]

*** ian [이앤]과 iang [이앙]이 독립된 발음일 경우에는 yan, yang 으로 표기합니다.

UNIT 9
05

● 大家的前进汉语量无限增加。

U9-5-07	[yǎn]	眼	[이앤]	눈
U9-5-08	[jiàn]	见	[찌앤]	보다
U9-5-09	[yáng]	羊	[이앙]	양
U9-5-10	[jiāng]	江	[찌앙]	강

⑤　in [인]　　ing [잉]

*** in [인]과 ing [잉]이 독립된 발음일 경우에는 yin, ying 으로 표기합니다.

U9-5-11	[yín]	银	[인]	은
U9-5-12	[bīn]	宾	[삔]	손님
U9-5-13	[yīng]	英	[잉]	꽃
U9-5-14	[jǐng]	井	[징]	우물

⑥　iong [이옹]

| U9-5-15 | [xiōng] | 兄 | [씨옹] | 형 |
| U9-5-16 | [qióng] | 穷 | [치옹] | 궁핍하다 |

⑦　uan [우안]　　uang [우앙]

*** uan [우안]과 uang [우앙]이 독립된 발음일 경우에는 wan, wang 으로 표기합니다.

U9-5-17	[wán]	完	[우안]	완전하다
U9-5-18	[duǎn]	短	[두안]	짧다
U9-5-19	[wáng]	王	[우앙]	왕
U9-5-20	[guāng]	光	[꾸앙]	빛

8   uen [우언]   ueng [우엉]

*** uen [우언]과 ueng [우엉]이 독립된 발음일 경우에는 wen, weng 으로 표기합니다.

U9-5-21	[wèn]	问	[원]	묻다
U9-5-22	[wēng]	翁	[웡]	노인

9   ün [윈]   üan [위앤]

*** ün [윈]과 üan [위앤]이 독립된 발음일 경우에는 yun, yuan 으로 표기합니다.

U9-5-23	[yún]	云	[윈]	구름
U9-5-24	[yuǎn]	远	[위앤]	멀다

906. 중국어의 발음 (5) 권설운모

권설운모 (卷舌韵母) [juǎnshé yùnmǔ] 란
er 즉, e [으어] + r [ㄹ]를 혀를 말아 올려 [얼]로 발음하는 것을 말합니다.
er 은 성모 없이 단독으로 표기하며 성모와 같이 쓰이지 않지만,
예를 들어 哥 [gē] [꺼]를 북방지역에서는 습관적으로 [gēr] [껄]이라고
하는데, 이것을 儿化 [érhuà] [얼화] 현상이라고 합니다.

玩儿 의 발음을 [wár] [왈]이라고 발음하며, 一会儿 을 [yíhuìr] [이후얼]이
라고 발음하는 것처럼, -n 과 -i 다음에서 儿化 [érhuà] 를 할 경우에는
n 과 i 음이 탈락합니다.

U9-6-01	[èr]	二	[얼]	둘
U9-6-02	[ér]	儿	[얼]	아이

GO STRAIGHT
CHINESE

前进汉语
大家的
前进汉语
量无限增加

我去过北京。 →

Practical, **Useful** and
Easy-To-Understand Lessons!

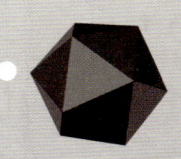

특별부록

청취연습 MP3 스크립트

Practical, **Useful** and
Easy-To-Understand Lessons!

Practical, Useful and
Easy-To-Understand Lessons!

GO STRAIGHT
CHINESE
前进汉语
大家的
前进汉语
量无限增加

UNIT 1
중국어 동사 10개로
할 말 다 하는 방법!

101. 보고 듣고! ▶ 보다

U1-1-1-0
看
[kàn]
보다

U1-1-1-1
看电视。
[Kàn diànshì.]
TV를 봅니다.

U1-1-1-2
看无限挑战。
[Kàn Wúxiàn tiǎozhàn.]
무한도전을 봅니다.

U1-1-1–3
看电影。
[Kàn diànyǐng.]
영화를 봅니다.

U1-1-1-4
看小说。
[Kàn xiǎoshuō.]
소설을 봅니다.

U1-1-1-5
看报。
[Kàn bào.]
신문을 봅니다.

U1-1-1-6
我看电影。
[Wǒ kàn diànyǐng.]
나 영화 봐.

U1-1-1-7
你看电影吗?
[Nǐ kàn diànyǐng ma?]
너 영화 보니?

U1-1-1-8
他看什么?
[Tā kàn shénme?]
그는 무엇을 봅니까?

101. 보고 듣고! ▶ 듣다

U1-1-2-0
听
[tīng]
듣다

U1-1-2-1
听MP3。
[Tīng MP sān.]
MP3를 듣습니다.

U1-1-2-2
听两点冲出。
[Tīng Liǎngdiǎn chōngchū.]
2시 탈출을 듣습니다.

U1-1-2-3
听音乐。
[Tīng yīnyuè.]
음악을 듣습니다.

U1-1-2-4
听广播。
[Tīng guǎngbō.]
방송(라디오)을 듣습니다.

U1-1-2-5
听新闻。
[Tīng xīnwén.]
뉴스를 듣습니다.

U1-1-2-6
我听音乐。
[Wǒ tīng yīnyuè.]
나는 음악을 듣습니다.

U1-1-2-7
你听广播吗?
[Nǐ tīng guǎngbō ma?]
너 라디오(방송)를 듣니?

U1-1-2-8
他听什么?
[Tā tīng shénme?]
그는 무엇을 듣습니까?

U1-2-1-7
你去哪儿?
[Nǐ qù nǎr?]
너는 어디에 가니?

U1-2-1-8
她为什么去那儿?
[Tā wèishénme qù nàr?]
그녀는 왜 거기에 갑니까?

102. 가고 오고! ▶ 가다

U1-2-1-0
去
[qù]
가다

U1-2-1-1
去中国。
[Qù Zhōngguó.]
중국에 갑니다.

U1-2-1-2
去爱宝乐园。
[Qù Àibǎo lèyuán.]
에버랜드에 갑니다.

U1-2-1-3
去学校。
[Qù xuéxiào.]
학교에 갑니다.

U1-2-1-4
去剧场。
[Qù jùchǎng.]
극장에 갑니다.

U1-2-1-5
去那儿。
[Qù nàr.]
저기에 갑니다.

U1-2-1-6
我去学校。
[Wǒ qù xuéxiào.]
나는 학교에 갑니다.

102. 가고 오고! ▶ 오다

U1-2-2-0
来
[lái]
오다

U1-2-2-1
来韩国。
[Lái Hánguó.]
한국에 옵니다.

U1-2-2-2
来北京。
[Lái Běijīng.]
북경에 옵니다.

U1-2-2-3
来首尔。
[Lái Shǒu'ěr.]
서울에 옵니다.

U1-2-2-4
来餐厅。
[Lái cāntīng.]
식당에 옵니다.

U1-2-2-5
来这儿。
[Lái zhèr.]
여기에 옵니다.

U1-2-2-6
他什么时候来?
[Tā shénme shíhou lái?]
그는 언제 옵니까?

U1-2-2-7
谁来这儿?
[Shéi lái zhèr?]
여기에 누가 옵니까?

她什么时候来这儿?

U1-2-2-8

[Tā shénme shíhou lái zhèr?]

그녀는 여기에 언제 옵니까?

103. 읽고 쓰고! ▶ 읽다

U1-3-1-0

读

[dú]

읽다

U1-3-1-1

读书。

[Dú shū.]

책을 읽습니다. (공부합니다.)

U1-3-1-2

读电子书。

[Dú diànzǐshū.]

e북을 읽습니다.

U1-3-1-3

读电邮。

[Dú diànyóu.]

이메일을 읽습니다.

U1-3-1-4

读文件。

[Dú wénjiàn.]

서류를 읽습니다.

U1-3-1-5

读汉语。

[Dú Hànyǔ.]

중국어를 공부합니다.

U1-3-1-6

你读什么?

[Nǐ dú shénme?]

너는 무엇을 읽고 있니?

U1-3-1-7

我现在读消息。

[Wǒ xiànzài dú xiāoxi.]

나는 지금 기사를 읽고 있습니다.

U1-3-1-8

她现在读汉语。

[Tā xiànzài dú Hànyǔ.]

그녀는 지금 중국어를 공부합니다.

103. 읽고 쓰고! ▶ 쓰다

U1-3-2-0

写

[xiě]

쓰다

U1-3-2-1

写字。

[Xiě zì.]

글자를 씁니다.

U1-3-2-2

写文字短信。

[Xiě wénzì duǎnxìn.]

문자메시지를 씁니다.

U1-3-2-3

写汉字。

[Xiě Hànzì.]

한자를 씁니다.

U1-3-2-4

写报告。

[Xiě bàogào.]

리포트를 씁니다.

U1-3-2-5

写诗。

[Xiě shī.]

시를 씁니다.

U1-3-2-6

我现在写报告。

[Wǒ xiànzài xiě bàogào.]

나는 지금 리포트를 씁니다.

U1-3-2-7

这个字怎么写?

[Zhège zì zěnme xiě?]

이 글자를 어떻게 씁니까?

U1-3-2-8

你的名字怎么写?

[Nǐ de míngzi zěnme xiě?]

당신의 이름은 어떻게 씁니까?

104. 먹고 마시고! ▶ 먹다

U1-4-1-0
吃
[chī]
먹다

U1-4-1-1
吃饭。
[Chī fàn.]
밥을 먹습니다.

U1-4-1-2
吃炸酱面。
[Chī zhájiàngmiàn.]
짜장면을 먹습니다.

U1-4-1-3
吃面包。
[Chī miànbāo.]
빵을 먹습니다.

U1-4-1-4
吃方便面。
[Chī fāngbiànmiàn.]
라면을 먹습니다.

U1-4-1-5
吃中国菜。
[Chī Zhōngguócài.]
중국요리를 먹습니다.

U1-4-1-6
他每天吃炸酱面。
[Tā měitiān chī zhájiàngmiàn.]
그는 매일 짜장면을 먹습니다.

U1-4-1-7
她只吃蔬菜吗?
[Tā zhǐ chī shūcài ma?]
그녀는 야채만 먹습니까?

U1-4-1-8
你吃什么?
[Nǐ chī shénme?]
너는 무엇을 먹습니까?

104. 먹고 마시고! ▶ 마시다

U1-4-2-0
喝
[hē]
마시다

U1-4-2-1
喝水。
[Hē shuǐ.]
물을 마십니다.

U1-4-2-2
喝可乐。
[Hē kělè.]
콜라를 마십니다.

U1-4-2-3
喝啤酒。
[Hē píjiǔ.]
맥주를 마십니다.

U1-4-2-4
喝葡萄酒。
[Hē pútáojiǔ.]
와인을 마십니다.

U1-4-2-5
喝乌龙茶。
[Hē wūlóngchá.]
우롱차를 마십니다.

U1-4-2-6
你喝什么?
[Nǐ hē shénme?]
너는 무엇을 마시니?

U1-4-2-7
美人经常喝水。
[Měirén jīngcháng hē shuǐ.]
미인은 물을 자주 마십니다.

U1-4-2-8
喝茶, 怎么样?
[Hē chá, zěnmeyàng?]
차 마시는 게 어때요?

105. 열고 닫고! ▶ 열다

U1-5-1-0
开
[kāi]
열다

开门。
U1-5-1-1 [Kāi mén.]
문을 엽니다.

开收音机。
U1-5-1-2 [Kāi shōuyīnjī.]
라디오를 켭니다.

开窗户。
U1-5-1-3 [Kāi chuānghu.]
창문을 엽니다.

开车门。
U1-5-1-4 [Kāi chēmén.]
차 문을 엽니다.

开怀。
U1-5-1-5 [Kāi huái.]
마음을 엽니다.

他常常开冰箱门。
U1-5-1-6 [Tā chángcháng kāi bīngxiāngmén.]
그는 냉장고 문을 자주 엽니다.

百货商店什么时候开门?
U1-5-1-7 [Bǎihuòshāngdiàn shénme shíhou kāi mén?]
백화점은 언제 문을 엽니까?

那门怎么开啊?
U1-5-1-8 [Nà mén zěnme kāi a?]
저 문은 어떻게 엽니까?

关房门。
U1-5-2-1 [Guān fángmén.]
방문을 닫습니다.

关电视机。
U1-5-2-2 [Guān diànshìjī.]
텔레비전을 끕니다.

关冰箱门。
U1-5-2-3 [Guān bīngxiāngmén.]
냉장고 문을 닫습니다.

关车窗。
U1-5-2-4 [Guān chēchuāng.]
차창을 닫습니다.

关抽屉。
U1-5-2-5 [Guān chōuti.]
서랍을 닫습니다.

图书馆什么时候关门?
U1-5-2-6 [Túshūguǎn shénme shíhou guān mén?]
도서관은 문을 언제 닫나요?

她暂时关上了手机。
U1-5-2-7 [Tā zànshí guānshangle shǒujī.]
그녀는 잠시 핸드폰을 끕니다.

他绝不关电脑。
U1-5-2-8 [Tā jué bù guān diànnǎo.]
그는 컴퓨터를 절대 끄지 않습니다.

105. 열고 닫고! ▶ 닫다

U1-5-2-0 关
[guān]
닫다

106. 사고 팔고! ▶ 사다

U1-6-1-0 买
[mǎi]
사다

U1-6-1-1
买笔记本电脑。
[Mǎi bǐjìběn diànnǎo.]
노트북을 삽니다.

U1-6-1-2
买平板电脑。
[Mǎi píngbǎn diànnǎo.]
태블릿PC를 삽니다.

U1-6-1-3
买衣服。
[Mǎi yīfu.]
옷을 삽니다.

U1-6-1-4
买皮包。
[Mǎi píbāo.]
가죽 가방을 삽니다.

U1-6-1-5
买东西。
[Mǎi dōngxi.]
물건을 삽니다.

U1-6-1-6
他在商店买日用品。
[Tā zài shāngdiàn mǎi rìyòngpǐn.]
그는 상점에서 생필품을 삽니다.

U1-6-1-7
她在网上购物商城买皮包。
[Tā zài wǎngshàng gòuwù shāngchéng mǎi píbāo.]
그녀는 인터넷쇼핑몰에서 가죽 가방을 삽니다.

U1-6-1-8
你们在哪儿买东西?
[Nǐmen zài nǎr mǎi dōngxi?]
너희들은 어디에서 물건을 사니?

106. 사고 팔고! ▶ 팔다

U1-6-2-0
卖
[mài]
팔다

U1-6-2-1
卖旧书。
[Mài jiùshū.]
헌책을 팝니다.

U1-6-2-2
卖二手车。
[Mài èrshǒuchē.]
중고차를 팝니다.

U1-6-2-3
卖二手货。
[Mài èrshǒuhuò.]
중고제품을 팝니다.

U1-6-2-4
卖鸡肉。
[Mài jīròu.]
닭고기를 팝니다.

U1-6-2-5
卖花儿。
[Mài huār.]
꽃을 팝니다.

U1-6-2-6
盒饭在哪儿卖?
[Héfàn zài nǎr mài?]
도시락은 어디에서 팝니까?

U1-6-2-7
那个在便利商店卖。
[Nàge zài biànlì shāngdiàn mài.]
그것은 편의점에서 팝니다.

U1-6-2-8
这个不卖。
[Zhège bú mài.]
이것은 팔지 않습니다.

107. 묻고 말하고! ▶ 묻다

U1-7-1-0
问
[wèn]
묻다

U1-7-1-1
问路。
[Wèn lù.]
길을 묻습니다.

U1-7-1-2
问情况。
[Wèn qíngkuàng.]
상황을 묻습니다.

U1-7-1-3
问老师。
[Wèn lǎoshī.]
선생님에게 여쭙습니다.

U1-7-1-4
问病。
[Wèn bìng.]
진찰을 받습니다.

U1-7-1-5
问价格。
[Wèn jiàgé.]
가격을 묻습니다.

U1-7-1-6
问你一个问题。
[Wèn nǐ yíge wèntí.]
당신에게 질문 하나 드립니다.

U1-7-1-7
去问谁?
[Qù wèn shéi?]
누구에게 가서 묻나요?

U1-7-1-8
来问我。
[Lái wèn wǒ.]
내게 와서 물으세요.

107. 묻고 말하고! ▶ 말하다

U1-7-2-0
说
[shuō]
말하다

U1-7-2-1
说汉语。
[Shuō Hànyǔ.]
중국어를 말합니다.

U1-7-2-2
说笑话。
[Shuō xiàohuà.]
개그를 합니다.

U1-7-2-3
说英语。
[Shuō Yīngyǔ.]
영어를 말합니다.

U1-7-2-4
说日语。
[Shuō Rìyǔ.]
일본어를 말합니다.

U1-7-2-5
说闲话。
[Shuō xiánhuà.]
잡담을 합니다.

U1-7-2-6
他说什么?
[Tā shuō shénme?]
그는 무엇을 말합니까?

U1-7-2-7
谁不说呢?
[Shéi bù shuō ne?]
누가 말하지 않습니까?

U1-7-2-8
我孩子会说话。
[Wǒ háizi huì shuō huà.]
나의 아이는 말을 할 줄 압니다.

108. 오르고 내리고! ▶ 오르다

U1-8-1-0
上
[shàng]
오르다

U1-8-1-1
上63大厦。
[Shàng Liùsān dàshà.]
63빌딩에 오릅니다.

U1-8-1-2
上菜市场。
[Shàng càishìchǎng.]
야채시장에 갑니다.

U1-8-1-3
上讲台。
[Shàng jiǎngtái.]
단상에 오릅니다.

U1-8-1-4
上北京。
[Shàng Běijīng.]
북경에 올라갑니다.

U1-8-1-5
上飞机。
[Shàng fēijī.]
비행기에 오릅니다.

U1-8-1-6
你上哪儿?
[Nǐ shàng nǎr?]
당신은 어디에 갑니까?

U1-8-1-7
他今天上夜班?
[Tā jīntiān shàng yèbān?]
그는 오늘 야근입니까?

U1-8-1-8
我儿子今年上大学。
[Wǒ érzi jīnnián shàng dàxué.]
우리 아들은 올해 대학교에 갑니다.

108. 오르고 내리고! ▶ 내리다

U1-8-2-0
下
[xià]
내리다

U1-8-2-1
下命令。
[Xià mìnglìng.]
명령을 내립니다.

U1-8-2-2
下床。
[Xià chuáng.]
침대에서 내려옵니다.

U1-8-2-3
下工夫。
[Xià gōngfu.]
노력을 들입니다.

U1-8-2-4
下结论。
[Xià jiélùn.]
결론을 내립니다.

U1-8-2-5
下夜班。
[Xià yèbān.]
야근을 마칩니다.

U1-8-2-6
在哪儿下车?
[Zài nǎr xià chē?]
어디에서 차를 내립니까?

U1-8-2-7
下了一场雨。
[Xiàle yìchǎng yǔ.]
비가 한바탕 내렸습니다.

U1-8-2-8
三号下, 五号上。
[Sānhào xià, wǔhào shàng.]
3번 (선수)는 나오고,
5번이 들어갑니다.

109. 배우고 가르치고! ▶ 배우다

U1-9-1-0
学
[xué]
배우다

U1-9-1-1
学文学。
[Xué wénxué.]
문학을 배웁니다.

U1-9-1-2
学滑板。
[Xué huábǎn.]
스케이트보드를 배웁니다.

U1-9-1-3
学哲学。
[Xué zhéxué.]
철학을 배웁니다.

U1-9-1-4
学历史。
[Xué lìshǐ.]
역사를 배웁니다.

U1-9-1-5
学开车。
[Xué kāichē.]
운전을 배웁니다.

Practical, **Useful** and **Easy-To-Understand** Lessons!

U1-9-1-6
你学什么?
[Nǐ xué shénme?]
당신은 무엇을 배웁니까?

U1-9-1-7
他在哪儿学数学?
[Tā zài nǎr xué shùxué?]
그는 어디에서 수학을 배웁니까?

U1-9-1-8
孩子学他爸爸的腔调。
[Háizi xué tā bàba de qiāngdiào.]
아이는 그의 아빠의 말투를 배웁니다.

U1-9-2-6
老师教他们什么?
[Lǎoshī jiāo tāmen shénme?]
선생님은 그들에게 무엇을 가르칩니까?

U1-9-2-7
他教得怎么样?
[Tā jiāode zěnmeyàng?]
그는 가르치는 것이 어떻습니까?

U1-9-2-8
他什么也不教。
[Tā shénme yě bù jiāo.]
그는 아무것도 가르치지 않습니다.

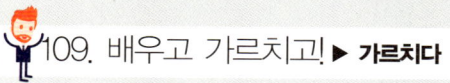

109. 배우고 가르치고! ▶ 가르치다

U1-9-2-0
教
[jiāo]
가르치다

U1-9-2-1
教书法。
[Jiāo shūfǎ.]
붓글씨를 가르칩니다.

U1-9-2-2
教骑马。
[Jiāo qímǎ.]
승마를 가르칩니다.

U1-9-2-3
教他。
[Jiāo tā.]
그에게 가르칩니다.

U1-9-2-4
教物理。
[Jiāo wùlǐ.]
물리를 가르칩니다.

U1-9-2-5
教数学。
[Jiāo shùxué.]
수학을 가르칩니다.

110. 노래하고 춤추고! ▶ 노래하다

U1-10-1-0
唱
[chàng]
노래하다

U1-10-1-1
唱歌。
[Chàng gē.]
노래를 부릅니다.

U1-10-1-2
唱情歌。
[Chàng qínggē.]
발라드를 부릅니다.

U1-10-1-3
唱民歌。
[Chàng míngē.]
민가를 부릅니다.

U1-10-1-4
唱童谣。
[Chàng tóngyáo.]
동요를 부릅니다.

U1-10-1-5
唱说唱乐。
[Chàng shuōchàngyuè.]
랩송을 부릅니다.

U1-10-1-6
你唱什么歌?
[Nǐ chàng shénme gē?]
당신은 어떤 노래를 부릅니까?

U1-10-1-7
我不唱歌。
[Wǒ bú chàng gē.]
나는 노래를 부르지 않습니다.

U1-10-1-8
你会唱歌吗?
[Nǐ huì chàng gē ma?]
당신은 노래를 부를 줄 압니까?

110. 노래하고 춤추고! ▶ 춤추다

U1-10-2-0
跳
[tiào]
춤추다

U1-10-2-1
跳舞。
[Tiào wǔ.]
춤을 춥니다.

U1-10-2-2
跳桑巴舞。
[Tiào sāngbāwǔ.]
삼바춤을 춥니다.

U1-10-2-3
跳踢踏舞。
[Tiào tītàwǔ.]
탭댄스를 춥니다.

U1-10-2-4
跳剑舞。
[Tiào jiànwǔ.]
칼춤을 춥니다.

U1-10-2-5
脉搏跳。
[Màibó tiào.]
맥박이 뜁니다.

U1-10-2-6
她跳什么舞?
[Tā tiào shénme wǔ?]
그녀는 어떤 춤을 춥니까?

U1-10-2-7
我不跳舞。
[Wǒ bú tiào wǔ.]
나는 춤을 추지 않습니다.

U1-10-2-8
他会跳舞吗?
[Tā huì tiào wǔ ma?]
그는 춤을 출 줄 압니까?

UNIT 2
중국어 조동사 5개로
중국어 5배로
팽창시키는 방법!

201. ~하고 싶다 ▶ 능원동사 1.

U2-1-00
想
[xiǎng]
~하고 싶다

U2-1-01
你想吃什么?
[Nǐ xiǎng chī shénme?]
당신은 무엇을 먹고 싶습니까?

U2-1-02
我想吃比萨饼。
[Wǒ xiǎng chī bǐsàbǐng.]
나는 피자를 먹고 싶습니다.

U2-1-03
我想打棒球。
[Wǒ xiǎng dǎ bàngqiú.]
나는 야구를 하고 싶습니다.

U2-1-04
我想找工作。
[Wǒ xiǎng zhǎo gōngzuò.]
나는 직업을 찾고(취직하고)
싶습니다.

U2-1-05
我不想说。
[Wǒ bù xiǎng shuō.]
나는 말하고 싶지 않아요.

Practical, Useful and
Easy-To-Understand Lessons!

U2-1-06
谁都想赚钱。
[Shéi dōu xiǎng zhuànqián.]
누구나 모두 돈을 벌고 싶어 합니다.

U2-1-07
我想跟你聊天儿。
[Wǒ xiǎng gēn nǐ liáotiānr.]
나는 당신과 대화하고 싶습니다.

U2-1-08
我看电影。
[Wǒ kàn diànyǐng.]
나는 영화를 봅니다.

U2-1-09
我想看电影。
[Wǒ xiǎng kàn diànyǐng.]
나는 영화를 보고 싶습니다.

U2-1-10
你听广播吗?
[Nǐ tīng guǎngbō ma?]
너 라디오(방송)를 듣니?

U2-1-11
你想听广播吗?
[Nǐ xiǎng tīng guǎngbō ma?]
너 라디오(방송)를 듣고 싶니?

U2-1-12
我去学校。
[Wǒ qù xuéxiào.]
나는 학교에 갑니다.

U2-1-13
我想去学校。
[Wǒ xiǎng qù xuéxiào.]
나는 학교에 가고 싶습니다.

U2-1-14
谁来这儿?
[Shéi lái zhèr?]
여기에 누가 옵니까?

U2-1-15
谁想来这儿?
[Shéi xiǎng lái zhèr?]
여기에 누가 오고 싶습니까?

202. ~할 것이다 ▶ 능원동사 2.

U2-2-00
要
[yào]
~할 것이다

U2-2-01
我要走。
[Wǒ yào zǒu.]
나는 떠날 것입니다.

U2-2-02
我要学习汉语。
[Wǒ yào xuéxí Hànyǔ.]
나는 중국어를 배우겠습니다.

U2-2-03
妈妈, 我要考第一名。
[Māma, wǒ yào kǎo dìyīmíng.]
엄마, 내가 1등을 시험 볼게요.
(시험에서 1등 할게요.)

U2-2-04
我们一定要成功。
[Wǒmen yídìng yào chénggōng.]
우리들은 반드시 성공해야 합니다.

U2-2-05
我不想走。
[Wǒ bù xiǎng zǒu.]
나는 떠나지 않을 것입니다.

U2-2-06
不要浪费。
[Bú yào làngfèi.]
낭비하지 마라!

U2-2-07
不要着急。
[Bú yào zháojí.]
서두르지 마라!

U2-2-08
你读什么?
[Nǐ dú shénme?]
너는 무엇을 읽고 있니?

U2-2-09
你要读什么?
[Nǐ yào dú shénme?]
너는 무엇을 읽을 거니?

U2-2-10
我现在写报告。
[Wǒ xiànzài xiě bàogào.]
나는 지금 리포트를 씁니다.

U2-2-11
我现在要写报告。
[Wǒ xiànzài yào xiě bàogào.]
나는 지금 리포트를 쓸 것입니다.

U2-2-12
我吃方便面。
[Wǒ chī fāngbiànmiàn.]
나는 라면을 먹습니다.

U2-2-13
我要吃方便面。
[Wǒ yào chī fāngbiànmiàn.]
나는 라면을 먹을 것입니다.

U2-2-14
你喝什么?
[Nǐ hē shénme?]
너는 무엇을 마시니?

U2-2-15
你要喝什么?
[Nǐ yào hē shénme?]
너는 무엇을 마실 거니?

203. ~할 줄 안다 ▶ 능원동사 3.

U2-3-00
会
[huì]
~할 줄 안다

U2-3-01
我会说汉语。
[Wǒ huì shuō Hànyǔ.]
나는 중국어를 할 줄 압니다.

U2-3-02
我孩子会写汉字。
[Wǒ háizi huì xiě Hànzì.]
우리 아이는 한자를 쓸줄 압니다.

U2-3-03
我妈妈会开车。
[Wǒ māma huì kāichē.]
우리 엄마는 운전할 줄 압니다.

U2-3-04
爸爸会唱歌。
[Bàba huì chànggē.]
아빠는 노래를 부를 줄 압니다.

U2-3-05
她会来吗?
[Tā huì lái ma?]
그녀가 올까요?

U2-3-06
明天会更好。
[Míngtiān huì gèng hǎo.]
내일 더 좋아질 것입니다.

U2-3-07
我不会弹吉他。
[Wǒ bú huì tán jítā.]
나는 기타를 칠 줄 모릅니다.

U2-3-08
我开这个门。
[Wǒ kāi zhège mén.]
나는 이 문을 엽니다.

U2-3-09
我会开这个门。
[Wǒ huì kāi zhège mén.]
나는 이 문을 열 줄 압니다.

U2-3-10
我关上电脑。
[Wǒ guānshang diànnǎo.]
나는 컴퓨터를 끕니다.

U2-3-11
我会关上电脑。
[Wǒ huì guānshang diànnǎo.]
나는 컴퓨터를 끌 줄 압니다.

U2-3-12
她在网上购物商城买。
[Tā zài wǎngshàng gòuwù shāngchéng mǎi.]
그녀는 인터넷쇼핑몰에서 삽니다.

U2-3-13
她会在网上购物商城买。
[Tā huì zài wǎngshàng gòuwù shāngchéng mǎi.]
그녀는 인터넷쇼핑몰에서 살 줄 압니다.

U2-3-14
他卖二手货。
[Tā mài èrshǒuhuò.]
그는 중고품을 팝니다.

U2-3-15
他会卖二手货。
[Tā huì mài èrshǒuhuò.]
그는 중고품을 팔 줄 압니다.

204. ~할 수 있다 ▶ 능원동사 4.

U2-4-00
能
[néng]
~할 수 있다

U2-4-01
妈妈能说汉语。
[Māma néng shuō Hànyǔ.]
엄마는 중국어를 잘 말할 수 있습니다.

U2-4-02
谁都能做菜。
[Shéi dōu néng zuòcài.]
누구나 요리할 수 있습니다.

U2-4-03
我们能克服困难。
[Wǒ men néng kèfú kùnnan.]
우리는 곤란을 극복할 수 있어요.

U2-4-04
后天也能借书。
[Hòutiān yě néng jièshū.]
모레도 책을 빌릴 수 있어요.

U2-4-05
我不能听懂你的话。
[Wǒ bù néng tīngdǒng nǐ de huà.]
나는 당신 말을 알아들을 수 없습니다.

U2-4-06
我不能不爱她。
[Wǒ bù néng bú ài tā.]
나는 그녀를 사랑하지 않을 수 없습니다.

U2-4-07
金钱不能买爱情。
[Jīnqián bù néng mǎi àiqíng.]
돈은 사랑을 살 수 없습니다.

U2-4-08
这个问题问谁?
[Zhège wèntí wèn shéi?]
이 문제를 누구에게 묻나요?

U2-4-09
这个问题能问谁?
[Zhège wèntí néng wèn shéi?]
이 문제를 누구에게 물을 수 있나요?

U2-4-10
谁不说呢?
[Shéi bù shuō ne?]
누가 말하지 않습니까?

U2-4-11
谁能不说呢?
[Shéi néng bù shuō ne?]
누가 말하지 않을 수 있습니까?

U2-4-12
我儿子今年上大学。
[Wǒ érzi jīnnián shàng dàxué.]
우리 아들은 올해 대학교에 갑니다.

U2-4-13
我儿子今年能上大学。
[Wǒ érzi jīnnián néng shàng dàxué.]
우리 아들은 올해 대학교에 갈 수 있습니다.

U2-4-14
在这儿下车。
[Zài zhèr xià chē.]
여기에서 차를 내립니다.

U2-4-15
能在这儿下车吗?
[Néng zài zhèr xià chē ma?]
여기에서 차를 내릴 수 있습니까?

205. ~해야 한다 ▶ 능원동사 5.

应该
U2-5-00
[yīnggāi]
~해야 한다

你应该说明。
U2-5-01
[Nǐ yīnggāi shuōmíng.]
너는 설명해야 한다.

应该爱好和平。
U2-5-02
[Yīnggāi àihào hépíng.]
평화를 애호해야 합니다.

我应该做的。
U2-5-03
[Wǒ yīnggāi zuòde.]
내가 해야 할 일입니다.

这是你应该知道的。
U2-5-04
[Zhè shì nǐ yīnggāi zhīdaode.]
이것은 당신이 알아야 하는
것입니다.

生病的时候应该休息。
U2-5-05
[Shēngbìng de shíhou
yīnggāi xiūxí.]
아플 때는 쉬어야 합니다.

不应该随地撒尿。
U2-5-06
[Bù yīnggāi suídì sāniào.]
아무 데나 소변을 보면 안 됩니다.

在上课中不该打哈欠。
U2-5-07
[Zài shàngkè zhōng bù
gāi dǎ hāqian.]
수업 시간에 하품을 해서는
안 됩니다.

他学修理汽车。
U2-5-08
[Tā xué xiūlǐ qìchē.]
그는 자동차 수리하는 것을
배웁니다.

他应该学修理汽车。
U2-5-09
[Tā yīnggāi xué xiūlǐ qìchē.]
그는 자동차 수리하는 것을
배워야 합니다.

老师教他们什么?
U2-5-10
[Lǎoshī jiāo tāmen shénme?]
선생님은 그들에게 무엇을
가르칩니까?

老师应该教他们什么?
U2-5-11
[Lǎoshī yīnggāi jiāo tāmen
shénme?]
선생님은 그들에게 무엇을
가르쳐야 합니까?

你唱什么歌?
U2-5-12
[Nǐ chàng shénme gē?]
당신은 어떤 노래를 부릅니까?

你应该唱什么歌?
U2-5-13
[Nǐ yīnggāi chàng
shénme gē?]
당신은 어떤 노래를 불러야 합니까?

几点开始跳舞?
U2-5-14
[Jǐ diǎn kāishǐ tiàowǔ?]
몇 시에 춤을 추기 시작합니까?

应该几点开始跳舞?
U2-5-15
[Yīnggāi jǐ diǎn kāishǐ tiàowǔ?]
몇 시에 춤을 추기 시작해야 합니까?

UNIT 3
중국어 의문사 6개로
여러분의 모든 궁금증을
해결하는 방법!

301. 누가? ▶ 의문사 1.

U3-1-00
谁?
[Shéi?]
누가?

U3-1-01
谁?
[Shéi?]
누구?

U3-1-02
你是谁?
[Nǐ shì shéi?]
당신은 누구입니까?

U3-1-03
谁去首尔?
[Shéi qù shǒu'ěr?]
누가 서울에 갑니까?

U3-1-04
你找谁?
[Nǐ zhǎo shéi?]
당신은 누구를 찾습니까?

U3-1-05
我想看电影。
[Wǒ xiǎng kàn diànyǐng.]
나는 영화를 보고 싶습니다.

U3-1-06
谁想看电影?
[Shéi xiǎng kàn diànyǐng?]
누가 영화를 보고 싶어 합니까?

U3-1-07
你想听广播吗?
[Nǐ xiǎng tīng guǎngbō ma?]
너 라디오(방송)를 듣고 싶니?

U3-1-08
谁想听广播?
[Shéi xiǎng tīng guǎngbō?]
누가 라디오(방송)를 듣고
싶어 합니까?

U3-1-09
我想去学校。
[Wǒ xiǎng qù xuéxiào.]
나는 학교에 가고 싶습니다.

U3-1-10
谁想去学校?
[Shéi xiǎng qù xuéxiào?]
누가 학교에 가고 싶어 합니까?

302. 어떻게? ▶ 의문사 2.

U3-2-00
怎么?
[Zěnme?]
어떻게?

U3-2-01
怎么?
[Zěnme?]
어떻습니까?

U3-2-02
怎么办?
[Zěnme bàn?]
어떻게 합니까?

U3-2-03
怎么去那儿?
[Zěnme qù nàr?]
거기를 어떻게 갑니까?

U3-2-04
这个菜怎么吃?
[Zhège cài zěnme chī?]
이 음식은 어떻게 먹습니까?

U3-2-05
他要学习汉语。
[Tā yào xuéxí Hànyǔ.]
그는 중국어를 배울 것입니다.

Practical, **Useful** and
Easy-To-Understand Lessons!

他要怎么学习汉语?
U3-2-06
[Tā yào zěnme xuéxí Hànyǔ?]
그는 중국어를 어떻게 배울
것입니까?

他要写报告。
U3-2-07
[Tā yào xiě bàogào.]
그는 리포트를 쓸 것입니다.

他要怎么写报告?
U3-2-08
[Tā yào zěnme xiě bàogào?]
그는 리포트를 어떻게 쓸 것입니까?

他要吃方便面。
U3-2-09
[Tā yào chī fāngbiànmiàn.]
그는 라면을 먹을 것입니다.

他要怎么吃方便面?
U3-2-10
[Tā yào zěnme chī
fāngbiànmiàn?]
그는 라면을 어떻게 먹을 것입니까?

303. 어디?　▶ 의문사 3.

哪儿?
U3-3-00
[Nǎr?]
어디?

哪儿?
U3-3-01
[Nǎr?]
어디입니까?

你住哪儿?
U3-3-02
[Nǐ zhù nǎr?]
당신은 어디에 사십니까?

书店在哪儿?
U3-3-03
[Shūdiàn zài nǎr?]
서점은 어디에 있습니까?

你去哪儿?
U3-3-04
[Nǐ qù nǎr?]
당신은 어디로 갑니까?

他在这儿买二手货。
U3-3-05
[Tā zài zhèr mǎi èrshǒuhuò.]
그는 여기에서 중고품을 삽니다.

他在哪儿买二手货?
U3-3-06
[Tā zài nǎr mǎi èrshǒuhuò?]
그는 어디에서 중고품을 삽니까?

她在网上购物商城买东西。
U3-3-07
[Tā zài wǎngshàng gòuwù
shāngchéng mǎi dōngxi.]
그녀는 인터넷쇼핑몰에서
물건을 삽니다.

她在哪儿买东西?
U3-3-08
[Tā zài nǎr mǎi dōngxi?]
그녀는 어디에서 물건을 삽니까?

他卖二手车。
U3-3-09
[Tā mài èrshǒuchē.]
그는 중고차를 팝니다.

他在哪儿卖二手车?
U3-3-10
[Tā zài nǎr mài èrshǒuchē?]
그는 어디에서 중고차를 팝니까?

304. 무엇?　▶ 의문사 4.

什么?
U3-4-00
[Shénme?]
무엇?

什么?
U3-4-01
[Shénme?]
무엇입니까?

Practical, Useful and
Easy-To-Understand Lessons!

U3-4-02
那是什么?
[Nà shì shénme?]
저것은 무엇입니까?

U3-4-03
他做什么?
[Tā zuò shénme?]
그는 무엇을 합니까?

U3-4-04
你做什么工作?
[Nǐ zuò shénme gōngzuò?]
당신은 무슨 일을 하십니까?

U3-4-05
美人经常喝水。
[Měirén jīngcháng hē shuǐ.]
미인은 물을 자주 마십니다.

U3-4-06
美人经常喝什么?
[Měirén jīngcháng hē shénme?]
미인은 자주 무엇을 마십니까?

U3-4-07
有问题,去问谁?
[Yǒu wèntí, qù wèn shéi?]
문제가 생기면,
누구에게 가서 묻나요?

U3-4-08
有什么问题,去问谁?
[Yǒu shénme wèntí, qù wèn shéi?]
무슨 문제가 생기면,
누구에게 가서 묻나요?

U3-4-09
他在技术学校学修理汽车。
[Tā zài jìshù xuéxiào xué xiūlǐ qìchē.]
그는 기술학교에서 자동차 수리를 배웁니다.

U3-4-10
他在技术学校学什么?
[Tā zài jìshù xuéxiào xué shénme?]
그는 기술학교에서 무엇을 배웁니까?

305. 언제?　▶ 의문사 5.

U3-5-00
什么时候?
[Shénme shíhou?]
언제?

U3-5-01
什么时候?
[Shénme shíhou?]
언제입니까?

U3-5-02
什么时候出发?
[Shénme shíhou chūfā?]
언제 출발합니까?

U3-5-03
什么时候开始?
[Shénme shíhou kāishǐ?]
언제 시작합니까?

U3-5-04
什么时候做好?
[Shénme shíhou zuòhǎo?]
언제 다 됩니까?

U3-5-05
我孩子学会说话。
[Wǒ háizi xuéhuì shuōhuà.]
우리 아이는 말을 (배워서) 할 줄 압니다.

U3-5-06
孩子什么时候学会说话?
[Háizi shénme shíhou xuéhuì shuōhuà?]
아이는 언제 말을 (배워서) 할 줄 압니까?

U3-5-07
他今天上夜班。
[Tā jīntiān shàng yèbān.]
그는 오늘 야근입니다.

U3-5-08
他什么时候上夜班?
[Tā shénme shíhou shàng yèbān?]
그는 언제 야근입니까?

U3-5-09
下了一场雨。
[Xiàle yìchǎng yǔ.]
비가 한바탕 내렸습니다.

什么时候下了一场雨?
[Shénme shíhou xiàle yìchǎng yǔ?]
언제 비가 한바탕 내렸습니까?

U3-5-10

306. 왜? ▶ 의문사 6.

为什么?
[Wèishénme?]
왜?

U3-6-00

为什么?
[Wèishénme?]
왜입니까?

U3-6-01

为什么这样?
[Wèishénme zhèyàng?]
왜 이렇습니까?

U3-6-02

为什么不去?
[Wèishénme bú qù?]
왜 가지 않습니까?

U3-6-03

为什么谁也不在?
[Wèishénme shéi yě bú zài?]
왜 아무도 없습니까?

U3-6-04

你听广播吗?
[Nǐ tīng guǎngbō ma?]
너 라디오(방송)를 듣니?

U3-6-05

你为什么听广播?
[Nǐ wèishénme tīng guǎngbō?]
너 왜 라디오(방송)를 듣니?

U3-6-06

她现在读汉语。
[Tā xiànzài dú Hànyǔ.]
그녀는 지금 중국어를 공부합니다.

U3-6-07

她现在为什么读汉语?
[Tā xiànzài wèishénme dú Hànyǔ?]
그녀는 지금 왜 중국어를 공부합니까?

U3-6-08

你在哪儿学跳交际舞?
[Nǐ zài nǎr xué tiào jiāojìwǔ?]
당신은 어디에서 사교춤 추는 것을 배웁니까?

U3-6-09

你为什么学跳交际舞?
[Nǐ wèishénme xué tiào jiāojìwǔ?]
당신은 왜 사교춤 추는 것을 배웁니까?

U3-6-10

Practical, Useful and **Easy-To-Understand** Lessons!

UNIT 4
중국어 조사 9개로
꼼꼼하고 아기자기하게
말하는 방법!

401. 的 ▶ 구조조사 1.

U4-1-0 的
[de]

U4-1-1 这是我的杂志。
[Zhè shì wǒ de zázhì.]
이것은 나의 잡지입니다.

U4-1-2 我们都希望过幸福的生活。
[Wǒmen dōu xīwàng guò xìngfú de shēnghuó.]
우리 모두는 행복한 생활을 희망합니다.

U4-1-3 他是今天来的经理。
[Tā shì jīntiān láide jīnglǐ.]
그는 오늘 온 매니저입니다.

402. 地 ▶ 구조조사 2.

U4-2-0 地
[de]

U4-2-1 他常常兴奋地说。
[Tā chángcháng xīngfènde shuō.]
그는 늘 흥분해서 말합니다.

U4-2-2 我们都热烈地欢迎你。
[Wǒmen dōu rèliède huānyíng nǐ.]
우리들은 모두 당신을 열렬히 환영합니다.

U4-2-3 我们一定要科学地考察。
[Wǒmen yídìng yào kēxuéde kǎochá.]
우리는 반드시 과학적으로 고찰해야 합니다.

403. 得 ▶ 구조조사 3.

U4-3-0 得
[de]

U4-3-1 我吃得快。
[Wǒ chīde kuài.]
나는 빨리 먹습니다.

U4-3-2 他汉字写得清楚。
[Tā Hànzì xiěde qīngchu.]
그는 한자를 분명하게 씁니다.

U4-3-3 今晚做得完吗?
[Jīnwǎn zuòde wán ma?]
오늘 저녁에 끝낼 수 있나요?

404. 着 ▶ 동태조사 1.

U4-4-0 着
[zhe]

U4-4-1
我们谈着。
[Wǒmen tánzhe.]
우리들은 이야기하고 있습니다.

U4-4-2
门开着。
[Mén kāizhe.]
문이 열려 있습니다.

U4-4-3
他吃着饭。
[Tā chīzhe fàn.]
그는 밥을 먹고 있습니다.

U4-6-1
我去过北京。
[Wǒ qùguo Běijīng.]
나는 북경에 가본 적이 있습니다.

U4-6-2
我看过他。
[Wǒ kànguo tā.]
나는 그를 본 적이 있습니다.

U4-6-3
我吃过汉堡包。
[Wǒ chīguo hànbǎobāo.]
나는 햄버거를 먹은 적이 있습니다.

405. 了 ▶ 동태조사 2.

U4-5-0
了
[le]

U4-5-1
他来了。
[Tā láile.]
그가 왔습니다.

U4-5-2
他说了一句话。
[Tā shuōle yíjù huà.]
그는 한마디 말을 하였습니다.

U4-5-3
我等了半天。
[Wǒ děngle bàntiān.]
나는 한나절을 기다렸습니다.

407. 呢 ▶ 어기조사 1.

U4-7-0
呢
[ne]

U4-7-1
这个字怎么写呢?
[Zhège zì zěnme xiě ne?]
이 글자는 어떻게 씁니까?

U4-7-2
我去公园, 你呢?
[Wǒ qù gōngyuán, nǐ ne?]
나는 공원에 가는데, 당신은요?

U4-7-3
哪个水果好吃呢?
[Nǎge shuǐguǒ hǎochī ne?]
어느 과일이 맛있을까요?

406. 过 ▶ 동태조사 3.

U4-6-0
过
[guo]

408. 吧 ▶ 어기조사 2.

U4-8-0
吧
[ba]

U4-8-1
我们一起走吧。
[Wǒmen yìqǐ zǒu ba.]
우리 함께 갑시다.

U4-8-2
这是你的吧?
[Zhè shì nǐde ba?]
이것이 너의 것이지?

U4-8-3
这样做吧。
[Zhèyàng zuò ba.]
이렇게 하시죠.

409. 啊　▶ 어기조사 3.

U4-9-0
啊
[a]

U4-9-1
真漂亮啊!
[Zhēn piàoliang a!]
정말 예쁘네요!

U4-9-2
一定要小心啊!
[Yídìng yào xiǎoxīn a!]
반드시 조심해야 해!

U4-9-3
快走啊!
[Kuài zǒu a!]
빨리 갑시다!

UNIT 5
중국어 조사 베스트
10개로 결정적 문장
만드는 방법!

501. 在　▶ 전치사 1.

U5-1-0
在
[zài]
~에

U5-1-1
他在贸易公司工作。
[Tā zài màoyì gōngsī gōngzuò.]
그는 무역회사에서 일합니다.

U5-1-2
在礼堂开会。
[Zài lǐtáng kāihuì.]
강당에서 회의합니다.

U5-1-3
我在咖啡厅喝红茶。
[Wǒ zài kāfēitīng hē hóngchá.]
나는 커피숍에서 홍차를 마십니다.

U5-1-4
我生在1980年。
[Wǒ shēng zài yī jiǔ bā líng nián.]
나는 1980년에 태어났습니다.

502. 从~ 到~　▶ 전치사 2.

U5-2-0
从~ 到~
[cóng~ dào~]
~부터 ~까지

U5-2-1
从今天到明天。
[Cóng jīntiān dào míngtiān.]
오늘부터 내일까지입니다.

U5-2-2
从这儿走路。
[Cóng zhèr zǒu lù.]
여기에서부터 걸어갑니다.

U5-2-3
每天从早到晚工作。
[Měitiān cóng zǎo dào wǎn gōngzuò.]
매일 아침부터 저녁까지 일합니다.

U5-2-4
从北京到南京要多长时间?
[Cóng Běijīng dào Nánjīng yào duō cháng shíjiān?]
북경에서 남경까지 얼마나 긴 시간이 걸립니까?

503. 对　▶ 전치사 3.

U5-3-0
对
[duì]
~에게/향하여

U5-3-1
对谁说?
[Duì shéi shuō?]
누구에게 말합니까?

U5-3-2
对朋友说。
[Duì péngyou shuō.]
친구에게 말합니다.

U5-3-3
他对我笑了。
[Tā duì wǒ xiào le.]
그가 나에게 웃었습니다.

U5-3-4
她对我很热情。
[Tā duì wǒ hěn rèqíng.]
그녀는 나에게 친절합니다.

504. 为　▶ 전치사 4.

U5-4-0
为
[wèi]
~때문에/~위하여

U5-4-1
为什么学习?
[Wèishénme xuéxí?]
무엇 때문에 공부합니까?

U5-4-2
我为你高兴。
[Wǒ wèi nǐ gāoxìng.]
나는 당신 때문에 기쁩니다.

U5-4-3
为市民服务。
[Wèi shìmín fúwù.]
시민을 위해 봉사합니다.

U5-4-4
为什么这么冷?
[Wèishénme zhème lěng?]
무엇 때문에 이렇게 춥습니까?

505. 跟　▶ 전치사 5.

U5-5-0
跟
[gēn]
~와

U5-5-1
跟谁去?
[Gēn shéi qù?]
누구와 갑니까?

U5-5-2
跟爸爸一起去。
[Gēn bàba yìqǐ qù.]
아빠와 함께 갑니다.

U5-5-3
我跟他见面。
[Wǒ gēn tā jiànmiàn.]
나는 그와 만납니다.

U5-5-4
有事跟弟弟商量。
[Yǒu shì gēn dìdi shāngliang.]
일이 있으면 동생과 상의합니다.

506. 给 ▶ 전치사 6.

U5-6-0
给
[gěi]
~에게

U5-6-1
有空儿给我打电话。
[Yǒu kòngr gěi wǒ dǎ diànhuà.]
시간 있으면 나에게 전화해주세요.

U5-6-2
医生给病人治病。
[Yīshēng gěi bìngrén zhìbìng.]
의사는 환자에게 치료해줍니다.

U5-6-3
给我帮忙。
[Gěi wǒ bāngmáng.]
나에게 도와주세요.

U5-6-4
给我买这个。
[Gěi wǒ mǎi zhège.]
나에게 이것을 사주세요.

507. 按照 ▶ 전치사 7.

U5-7-0
按照
[ànzhào]
~에 의하여/~에 따라

U5-7-1
按照老师的话, 明天下雨。
[Ànzhào lǎoshī de huà, míngtiān xiàyǔ.]
선생님 말씀에 의하면,
내일 비가 옵니다.

U5-7-2
按照计划研究。
[Ànzhào jìhuà yánjiū.]
계획에 따라서 연구합니다.

U5-7-3
按照规定执行。
[Ànzhào guīdìng zhíxíng.]
규정에 의거하여 집행합니다.

U5-7-4
按照政策办事。
[Ànzhào zhèngcè bànshì.]
정책에 따라서 처리합니다.

508. 向 ▶ 전치사 8.

U5-8-0
向
[xiàng]
~향하여

U5-8-1
向前面一直走。
[Xiàng qiánmiàn yìzhí zǒu.]
앞쪽으로 곧장 가세요.

U5-8-2
向前看吧。
[Xiàng qián kàn ba.]
앞을 향해 보세요.

U5-8-3
向这方向开车。
[Xiàng zhè fāngxiàng kāichē.]
이쪽 방향으로 운전합니다.

U5-8-4
向右转。
[Xiàng yòu zhuǎn.]
오른쪽으로 돕니다.

Practical, **Useful** and
Easy-To-Understand Lessons!

509. 往 ▶ 전치사 9.

U5-9-0
往
[wǎng]
~향하여

U5-9-1
司机, 往右拐。
[Sījī, wǎng yòu guǎi.]
기사님, 오른쪽으로 도세요.

U5-9-2
往前走。
[Wǎng qián zǒu.]
앞으로 갑니다.

U5-9-3
飞机往西边飞。
[Fēijī wǎng xībiān fēi.]
비행기는 서쪽으로 납니다.

U5-9-4
这火车开往广州。
[Zhè huǒchē kāiwǎng Guǎngzhōu.]
이 기차는 광주로 갑니다.

510. 替 ▶ 전치사 10.

U5-10-0
替
[tì]
~대신에

U5-10-1
替我问好。
[Tì wǒ wènhǎo.]
나 대신에 안부 좀 물어주세요.

U5-10-2
替妈妈做菜。
[Tì māma zuòcài.]
엄마를 대신해서 요리를 합니다.

U5-10-3
替爸爸洗衣服。
[Tì bàba xǐ yīfu.]
아빠를 대신해서 옷을 세탁합니다.

U5-10-4
我替他办理。
[Wǒ tì tā bànlǐ.]
나는 그를 대신해서 일을
처리합니다.

UNIT 6
중국어 초간편
회화공식
숙어처럼'습관처럼!

601. 뭐뭐가 좋습니까?

U6-1-0
好吗?
[Hǎo ma?]
좋습니까?

U6-1-1
天气好吗?
[Tiānqì hǎo ma?]
날씨가 좋습니까?

U6-1-2
身体好吗?
[Shēntǐ hǎo ma?]
건강(몸)이 좋습니까?

U6-1-3
工作好吗?
[Gōngzuò hǎo ma?]
일이 잘 됩니까?

U6-1-4
做生意好吗?
[Zuò shēngyì hǎo ma?]
장사하는 것이 잘 됩니까?

602. 뭐뭐를 기원합니다!

U6-2-0
祝你~!
[Zhù nǐ ~!]
~를 기원합니다!

U6-2-1
祝你健康!
[Zhù nǐ jiànkāng!]
건강을 기원합니다!

U6-2-2
祝你平安!
[Zhù nǐ píng'ān!]
평안하기를 빕니다!

U6-2-3
祝你成功!
[Zhù nǐ chénggōng!]
성공하기를 빕니다!

U6-2-4
祝福。/ 祝寿。
[Zhù fú. / Zhù shòu.]
복을 기원합니다. /
장수를 기원합니다.

603. 뭐뭐를 축하합니다.

U6-3-0
恭喜~。
[Gōngxǐ ~.]
~를 축하합니다.

U6-3-1
恭喜高升。
[Gōngxǐ gāoshēng.]
승진을 축하합니다.

U6-3-2
恭喜你结婚。
[Gōngxǐ nǐ jiéhūn.]
당신의 결혼을 축하합니다.

U6-3-3
恭喜你开业。
[Gōngxǐ nǐ kāiyè.]
당신의 개업을 축하합니다.

U6-3-4
恭喜你新得贵子。
[Gōngxǐ nǐ xīn dé guìzǐ.]
당신이 새로이 귀한 아들을
보신 것을 축하합니다.

604. 뭐뭐 하세요.

U6-4-0
请~。
[Qǐng ~.]
~하세요.

U6-4-1
请吃。
[Qǐng chī.]
식사하세요.

U6-4-2
请进。
[Qǐng jìn.]
들어오세요.

U6-4-3
请教。
[Qǐng jiào.]
가르쳐 주세요.

U6-4-4
请坐。
[Qǐng zuò.]
앉으세요.

605. 뭐뭐를 주세요.

U6-5-0
请~。
[Qǐng ~.]
~주세요.

U6-5-1
请假。
[Qǐng jià.]
휴가를 주세요.

U6-5-2
请客。
[Qǐng kè.]
손님을 청합니다. (대접하다.)

U6-5-3
请命。
[Qǐng mìng.]
명령을 청합니다.

U6-5-4
请罪。
[Qǐng zuì.]
죄를 청합니다. (용서를 빌다.)

606. 뭐뭐를 원합니다.

U6-6-0
要~。
[Yào ~.]
~를 원합니다.

U6-6-1
要你。
[Yào nǐ.]
너를 원해.

U6-6-2
要咖啡。
[Yào kāfēi.]
커피를 원합니다.

U6-6-3
要红的。
[Yào hóngde.]
붉은 것을 원합니다.

U6-6-4
要工作。
[Yào gōngzuò.]
일자리를 원합니다.

607. 뭐뭐 하지 마세요.

U6-7-0
不要~。
[Búyào ~.]
~하지 마세요.

U6-7-1
不要说。
[Búyào shuō.]
말하지 마세요.

Practical, Useful and Easy-To-Understand Lessons!

U6-7-2
不要走。
[Búyào zǒu.]
가지 마세요.

U6-7-3
不要动。
[Búyào dòng.]
움직이지 마세요.

U6-7-4
不要放弃。
[Búyào fàngqì.]
포기하지 마세요.

608. 뭐뭐 할 필요 없어요.

U6-8-0
不用~。
[Búyòng ~.]
~할 필요 없어요.

U6-8-1
不用生气。
[Búyòng shēngqì.]
화낼 필요 없어요.

U6-8-2
不用谢。
[Búyòng xiè.]
감사할 필요 없어요.

U6-8-3
不用客气。
[Búyòng kèqì.]
사양할 필요 없어요.

U6-8-4
不用着急。
[Búyòng zháojí.]
조급해할 필요 없어요.

609. 뭐뭐 반복 표현들! (1)

U6-9-1
谢谢。
[Xièxie.]
감사합니다.

U6-9-2
欢迎, 欢迎。
[Huānyíng, huānyíng.]
어서 오세요.

U6-9-3
哪里, 哪里。
[Nǎli, nǎli.]
별말씀을요.

U6-9-4
恭喜, 恭喜。
[Gōngxǐ, gōngxǐ.]
축하합니다.

610. 뭐뭐 반복 표현들! (2)

U6-10-1
慢慢儿来。
[Mànmānr lái.]
천천히 오다(하다).

U6-10-2
快快儿走。
[Kuàikuāir zǒu.]
빨리 가다.

U6-10-3
好好儿学习。
[Hǎohāor xuéxí.]
잘 배우다.

U6-10-4
研究研究。
[Yánjiū yánjiū.]
연구해보다.

UNIT 7
중국어 본격 일상회화,
여러분의 일상을
중국어로 말하는 방법!

701. 친구를 만납니다.

U7-01-0
见朋友。
[Jiàn péngyou.]
친구를 만납니다.

U7-01-1
在石是我朋友。
[Zàishí shì wǒ péngyou.]
재석이는 내 친구입니다.

U7-01-2
我的脸谱上有很多朋友。
[Wǒ de liǎnpǔshang yǒu hěn duō péngyou.]
나는 페이스북(에) 친구가 많습니다.

U7-01-3
我现在需要朋友。
[Wǒ xiànzài xūyào péngyou.]
나는 지금 친구가 필요합니다.

U7-01-4
我想见朋友。
[Wǒ xiǎng jiàn péngyou.]
나는 친구를 만나고 싶습니다.

702. 전화를 겁니다.

U7-02-0
打电话。
[Dǎ diànhuà.]
전화를 겁니다.

U7-02-1
给朋友打电话。
[Gěi péngyou dǎ diànhuà.]
친구에게 전화를 겁니다.

U7-02-2
朋友不接电话。
[Péngyou bù jiē diànhuà.]
친구가 전화를 받지 않습니다.

U7-02-3
打错电话了。
[Dǎcuò diànhuà le.]
전화를 잘못 걸었습니다.

U7-02-4
告诉我手机号码。
[Gàosu wǒ shǒujī hàomǎ.]
나에게 핸드폰 번호를 알려 주세요.

703. 대화를 나눕니다.

U7-03-0
聊天。
[Liáotiān.]
대화를 나눕니다.

U7-03-1
干什么?
[Gàn shénme?]
뭐 하니?

U7-03-2
我现在工作。
[Wǒ xiànzài gōngzuò.]
나 지금 일해.

U7-03-3
我没事儿。
[Wǒ méi shìr.]
나 한가해.

U7-03-4
我们见面吧。
[Wǒmen jiànmiàn ba.]
우리 만나자.

704. 약속을 정합니다.

U7-04-0
约定。
[Yuēdìng.]
약속을 정합니다.

U7-04-1
有空儿见面吧。
[Yǒu kòngr jiànmiàn ba.]
시간 있으면 만나자.

U7-04-2
在哪儿见面?
[Zài nǎr jiànmiàn?]
어디에서 만날까?

U7-04-3
明天12点在弘大见面吧。
[Míngtiān shíèr diǎn zài Hóngdà jiànmiàn ba.]
내일 12시 홍대에서 만나자.

U7-04-4
我去，还是你来?
[Wǒ qù, háishi nǐ lái?]
내가 갈까, 아니면 네가 올래?

705. 외출합니다.

U7-05-0
出门。
[Chūmén.]
외출합니다.

U7-05-1
准备出门。
[Zhǔnbèi chūmén.]
외출하려고 합니다.

U7-05-2
洗澡了，换衣服。
[Xǐzǎole, huàn yīfu.]
샤워를 하고, 옷을 갈아입습니다.

U7-05-3
打扮。
[Dǎban.]
화장을 합니다.

U7-05-4
提包出门。
[Tíbāo chūmén.]
가방을 들고 집을 나옵니다.

706. 지하철을 탑니다.

U7-06-0
坐地铁。
[Zuò dìtiě.]
지하철을 탑니다.

U7-06-1
每天早上坐巴士。
[Měitiān zǎoshang zuò bāshì.]
매일 아침 버스를 탑니다.

U7-06-2
巴士里面有很多人。
[Bāshì lǐmiàn yǒu hěn duō rén.]
버스 안에 많은 사람이 있습니다.

U7-06-3
应该换地铁。
[Yīnggāi huàn dìtiě.]
지하철을 갈아타야 합니다.

U7-06-4
路上总是堵车。
[Lùshang zǒngshì dǔchē.]
도로는 언제나 막힙니다.

707. 커피숍에 갑니다.

U7-07-0
去咖啡厅。
[Qù kāfēitīng.]
커피숍에 갑니다.

U7-07-1
我们在星巴克见面。
[Wǒmen zài Xīngbākè jiànmiàn.]
우리는 스타벅스에서 만납니다.

U7-07-2
这咖啡厅香草拿铁很好喝。
[Zhè kāfēitīng xiāngcǎonátiě hěn hǎohē.]
이 커피숍은 바닐라라떼가 맛있습니다.

U7-07-3
我想要两杯美式咖啡。
[Wǒ xiǎng yào liǎng bēi měishìkāfēi.]
아메리카노 2잔을 주문합니다.

U7-07-4
我想带走的, 请包装一下。
[Wǒ xiǎng dàizǒude, qǐng bāozhuāng yíxià.]
테이크 아웃하고 싶습니다, 포장 좀 해주세요.

708. 차를 마십니다.

U7-08-0
喝茶。
[Hē chá.]
차를 마십니다.

U7-08-1
我喝咖啡。
[Wǒ hē kāfēi.]
나는 커피를 마십니다.

U7-08-2
我想喝橘子汁。
[Wǒ xiǎng hē júzizhī.]
나는 오렌지 주스를 마시고 싶습니다.

U7-08-3
还有什么喝的?
[Hái yǒu shénme hēde?]
마실 것은 뭐가 더 있습니까?

U7-08-4
我不会喝酒。
[Wǒ bú huì hē jiǔ.]
나는 술을 못 마십니다.

709. 식사를 합니다.

U7-09-0
吃饭。
[Chī fàn.]
식사를 합니다.

U7-09-1
我喜欢中国菜。
[Wǒ xǐhuan Zhōngguó cài.]
나는 중국요리를 좋아합니다.

U7-09-2
我最喜欢法国菜。
[Wǒ zuì xǐhuan Fǎguó cài.]
나는 프랑스 요리를 제일 좋아합니다.

U7-09-3
我什么都爱吃。
[Wǒ shénme dōu ài chī.]
나는 뭐든 잘 먹습니다.

U7-09-4
吃饱了。
[Chī bǎo le.]
잘 먹었습니다.

710. 물건을 삽니다.

U7-10-0
买东西。
[Mǎi dōngxi.]
물건을 삽니다.

U7-10-1
这件衣服多少钱?
[Zhè jiàn yīfu duōshao qián?]
이 옷은 얼마입니까?

Practical, **Useful** and **Easy-To-Understand** Lessons!

U7-10-2
请便宜一点儿。
[Qǐng piányi yìdiǎnr.]
좀 깎아주세요. (좀 싸게 해주세요.)

U7-10-3
这个可以退钱吗?
[Zhège kěyǐ tuìqián ma?]
이거 환불됩니까?

U7-10-4
我的爱好是购物。
[Wǒ de àihào shì gòuwù.]
나의 취미는 쇼핑입니다.

711. 전통극 감상을 좋아합니다.

U7-11-0
喜欢听戏。
[Xǐhuan tīngxì.]
전통극 감상을 좋아합니다.

U7-11-1
我经常去看戏。
[Wǒ jīngcháng qù kànxì.]
나는 자주 공연을 보러 갑니다.

U7-11-2
网上预买演出票。
[Wǎngshàng yùmǎi yǎnchūpiào.]
인터넷으로 공연표를 예매합니다.

U7-11-3
去大学路, 看话剧。
[Qù Dàxuélù, kàn huàjù.]
대학로에 가서 연극을 봅니다.

U7-11-4
最近音乐剧很受欢迎。
[Zuìjìn yīnyuèjù hěn shòu huānyíng.]
요즘은 뮤지컬이 인기 있습니다.

712. 드라이브를 갑니다.

U7-12-0
兜风。
[Dōufēng.]
드라이브를 갑니다.

U7-12-1
我会开车。
[Wǒ huì kāichē.]
나는 운전을 할 줄 압니다.

U7-12-2
我拿到驾照了。
[Wǒ nádào jiàzhào le.]
나는 운전면허를 취득했습니다.

U7-12-3
给汽车加油。
[Gěi qìchē jiāyóu.]
자동차에 주유를 합니다.

U7-12-4
我们去郊外兜风。
[Wǒmen qù jiāowài dōufēng.]
우리는 교외로 드라이브하러 갑니다.

713. 클럽에 갑니다.

U7-13-0
去夜总会。
[Qù yèzǒnghuì.]
클럽에 갑니다.

U7-13-1
我们在夜总会跳舞。
[Wǒmen zài yèzǒnghuì tiàowǔ.]
우리는 클럽에서 춤을 춥니다.

U7-13-2
她不跳舞。
[Tā bú tiàowǔ.]
그녀는 춤추지 않습니다.

U7-13-3
他只是喝酒。
[Tā zhǐshì hējiǔ.]
그는 술만 마십니다.

U7-13-4
在夜总会交异性朋友。
[Zài yèzǒnghuì jiāo yìxìng péngyou.]
클럽에서 이성친구를 사귑니다.

714. 야식을 먹습니다.

U7-14-0
吃夜餐。
[Chī yècān.]
야식을 먹습니다.

U7-14-1
有点儿饿。
[Yǒudiǎnr è.]
배가 좀 출출합니다.

U7-14-2
去吃零食。
[Qù chī língshí.]
간식을 먹으러 갑니다.

U7-14-3
预订送夜餐。
[Yùdìng sòng yècān.]
야식배달을 주문합니다.

U7-14-4
夜餐还是方便面。
[Yècān háishì fāngbiànmiàn.]
야식은 역시 라면입니다.

715. 노래방에 갑니다.

U7-15-0
去卡拉OK。
[Qù kǎlā OK.]
노래방에 갑니다.

U7-15-1
在卡拉OK消除压力。
[Zài kǎlā OK xiāochú yālì.]
노래방에서 스트레스를 해소합니다.

U7-15-2
我最喜欢Bigbang的歌儿。
[Wǒ zuì xǐhuan Bigbang de gēr.]
나는 Bigbang의 노래를 가장 좋아합니다.

U7-15-3
他疯狂地唱歌儿。
[Tā fēngkuángde chànggēr.]
그는 미친 듯이 노래 부릅니다.

U7-15-4
我们都一起跳舞、唱歌儿。
[Wǒmen dōu yìqǐ tiàowǔ, chànggēr.]
우리 모두 함께 춤추고 노래합니다.

716. 나는 그녀를 사랑합니다.

U7-16-0
我爱她。
[Wǒ ài tā.]
나는 그녀를 사랑합니다.

U7-16-1
我有了情人。
[Wǒ yǒule qíngrén.]
나에게 애인이 생겼습니다.

U7-16-2
愿意重新谈恋爱。
[Yuànyi chóngxīn tán liànài.]
다시 사랑하고 싶습니다.

U7-16-3
现在愿意结婚。
[Xiànzài yuànyi jiéhūn.]
이제는 결혼하고 싶습니다.

U7-16-4
我打算跟她结婚。
[Wǒ dǎsuàn gēn tā jiéhūn.]
나는 그녀와 결혼할 생각입니다.

Practical, Useful and
Easy-To-Understand Lessons!

UNIT 8
중국어 어순
완전해결 연구소!

801. 중국어의 핵심 어순

他 + 看。
[Tā kàn.]
U8-01-1　그(는) + 본다.

他 + 很 + 高兴。
[Tā hěn gāoxing.]
U8-01-2　그(는) + 즐겁다.

悲哀的 + 她 + 看 +
可笑的 + 喜剧。
[Bēiāi de tā kàn
kěxiào de xǐjù.]
U8-01-3　슬픈 + 그녀(는) + 본다 +
우스운 + 코미디(를).

我 + 非常 + 高兴。
[Wǒ fēicháng gāoxìng.]
U8-01-4　나(는) + 매우 + 기쁘다.

**802. 중국어 어순
7가지 기본 패턴! (1)**

狗 跑。
[Gǒu pǎo.]
U8-02-1　개 달리다.

人生 美丽。
[Rénshēng měilì.]
U8-02-2　인생은 아름다워.

这 是 法。
[Zhè shì fǎ.]
U8-02-3　이것이 법이다.

**803. 중국어 어순
7가지 기본 패턴! (2)**

西班牙 爱 你。
[Xībānyá ài nǐ.]
U8-03-1　스페인은 당신을 사랑해.

这个问题 我 知道。
[Zhège wèntí wǒ zhīdao.]
U8-03-2　이 문제를 나는 압니다.

送 你 我的爱心。
[Sòng nǐ wǒ de àixīn.]
U8-03-3　너에게 나의 사랑을 보낸다.

804. 중국어 어순 7가지 기본 패턴! (3)

不安 慢慢 蚕食 灵魂。
[Bùān mànmàn cánshí línghún.]
U8-04-1 불안은 영혼을 서서히 잠식한다.

你为什么来我家?
[Nǐ wèishénme lái wǒ jiā?]
U8-04-2 너는 우리 집에 왜 왔니?

805. 중국어 어순 마무리 실전연습!

我爱人结婚了。
[Wǒ àirén jiéhūn le.]
U8-05-01 내 아내가 결혼했다.

本杰明伯顿的钟表倒着走。
[Běnjiémíng Bódùn de zhōngbiǎo dàozhe zǒu.]
U8-05-02 벤자민 버튼의 시계는 거꾸로 간다.

我们真正地谈恋爱了吗?
[Wǒmen zhēnzhèngde tán liànài le ma?]
U8-05-03 우리가 정말 사랑했을까?

我爱死亡。
[Wǒ ài sǐwáng.]
U8-05-04 나는 죽음을 사랑한다.

站在世界的中心,喊叫爱情。
[Zhànzài shìjiè de zhōngxīn, hǎnjiào àiqíng.]
U8-05-05 세상의 중심에 서서 사랑을 외치다.

我知道谁杀我。
[Wǒ zhīdao shéi shā wǒ.]
U8-05-06 나는 누가 나를 죽였는지 알고 있다.

没有为老人服务的国家。
[Méi yǒu wèi lǎorén fúwù de guójiā.]
U8-05-07 노인을 위한 나라는 없다.

跟邻居的男子恋爱吧。
[Gēn línjū de nánzi liànài ba.]
U8-05-08 이웃의 남자와 사랑하라.

十天以内遭男朋友拒绝的法子。
[Shí tiān yǐnèi zāo nán péngyou jùjué de fǎzi.]
U8-05-09 남자 친구에게 10일 안에 차이는 법

我还知道你上个夏天做的事。
[Wǒ hái zhīdao nǐ shàngge xiàtiān zuò de shì.]
U8-05-10 나는 아직도 네가 지난 여름에 한 일을 알고 있다.

UNIT 9
중국어 초간단 발음법!

901. 중국어의 성조

U9-1-01	ā ā ā á á á ǎ ǎ ǎ à à à

902. 중국어의 발음
(1) 운모

U9-2-01	[ā]	啊	놀람을 나타내는 감탄사
U9-2-02	[á]	啊	반문을 나타내는 감탄사
U9-2-03	[ǎ]	啊	의혹을 나타내는 감탄사
U9-2-04	[à]	啊	깜짝 놀람을 나타내는 감탄사
U9-2-05	[ē]	妸	아름답다
U9-2-06	[é]	额	이마
U9-2-07	[ě]	恶	성내다
U9-2-08	[è]	饿	배고프다
U9-2-09	[yī]	一	하나/1
U9-2-10	[yí]	遗	남기다
U9-2-11	[yǐ]	已	그치다
U9-2-12	[yì]	益	이롭다
U9-2-13	[ō]	噢	알았다거나 기억하고 있음을 나타내는 감탄사
U9-2-14	[ó]	哦	놀라거나 의심스러움을 나타내는 감탄사
U9-2-15	[ǒ]	嚄	놀람을 나타내는 감탄사
U9-2-16	[ò]	哦	어떤 상황인지를 깨달았을 때 쓰는 감탄사
U9-2-17	[wū]	污	더럽다
U9-2-18	[wú]	无	없다
U9-2-19	[wǔ]	五	다섯/5
U9-2-20	[wù]	务	일하다

U9-2-21	[yū]	淤	진흙
U9-2-22	[yú]	鱼	물고기
U9-2-23	[yǔ]	与	주다
U9-2-24	[yù]	愈	낫다
U9-2-25	[nǔ]	女	여자
U9-2-26	[lǔ]	旅	여행하다

903. 중국어의 발음 (2) 성모

U9-3-01	[bō]	波	파도
U9-3-02	[pō]	坡	언덕
U9-3-03	[mō]	摸	쓰다듬다
U9-3-04	[fó]	佛	부처
U9-3-05	[dé]	得	얻다
U9-3-06	[tè]	特	특별하다
U9-3-07	[ne]	呢	동작의 진행을 나타내는 조사

U9-3-08	[le]	了	동작이 이미 완료되었거나 변화가 있음을 나타내는 조사
U9-3-09	[gē]	哥	형/오빠
U9-3-10	[kè]	客	손님
U9-3-11	[hē]	喝	마시다
U9-3-12	[jī]	机	기계
U9-3-13	[qī]	七	일곱/7
U9-3-14	[xī]	西	서쪽
U9-3-15	[zì]	字	글자
U9-3-16	[cì]	刺	찌르다
U9-3-17	[sì]	四	넷/4
U9-3-18	[zhī]	知	알다
U9-3-19	[chī]	吃	먹다
U9-3-20	[shì]	是	옳다
U9-3-21	[rì]	日	태양

904. 중국어의 발음 (3) 복운모

U9-4-01	[ài]	爱	사랑하다
U9-4-02	[èi]	诶	사람을 부를 때 쓰는 감탄사
U9-4-03	[ào]	奥	심오하다
U9-4-04	[ǒu]	偶	짝을 이루다
U9-4-05	[jiā]	家	집
U9-4-06	[jiē]	接	잇다
U9-4-07	[kuā]	夸	자랑하다
U9-4-08	[guó]	国	나라
U9-4-09	[yuè]	月	달
U9-4-10	[jiāo]	教	가르치다
U9-4-11	[yǒu]	有	가지고 있다
U9-4-12	[guài]	怪	이상하다
U9-4-13	[wèi]	位	위치

905. 중국어의 발음 (4) 비운모

U9-5-01	[ān]	安	편안하다
U9-5-02	[áng]	昂	높이 쳐들다
U9-5-03	[ēn]	恩	은혜
U9-5-04	[èng]	嗯	응 (감탄사)
U9-5-05	[dōng]	东	동녘
U9-5-06	[zōng]	宗	받들다
U9-5-07	[yǎn]	眼	눈
U9-5-08	[jiàn]	见	보다
U9-5-09	[yáng]	羊	양
U9-5-10	[jiāng]	江	강

U9-5-11	[yín]	银	은
U9-5-12	[bīn]	宾	손님
U9-5-13	[yīng]	英	꽃
U9-5-14	[jǐng]	井	우물

| U9-5-15 | [xiōng] | 兄 | 형 |
| U9-5-16 | [qióng] | 穷 | 궁핍하다 |

U9-5-17	[wán]	完	완전하다
U9-5-18	[duǎn]	短	짧다
U9-5-19	[wáng]	王	왕
U9-5-20	[guāng]	光	빛

| U9-5-21 | [wèn] | 问 | 묻다 |
| U9-5-22 | [wēng] | 翁 | 노인 |

| U9-5-23 | [yún] | 云 | 구름 |
| U9-5-24 | [yuǎn] | 远 | 멀다 |

906. 중국어의 발음 (5) 권설운모

| U9-6-01 | [èr] | 二 | 둘 |
| U9-6-02 | [ér] | 儿 | 아이 |

GO STRAIGHT
CHINESE

前进汉语